$A^tV$

MARIO WIRZ, geboren 1956 in Marburg an der Lahn, wuchs in Frankenberg auf. Nach dem Abitur Schauspielausbildung in Berlin. Engagements in Berlin und Kiel, danach Autor, Regisseur und Schauspieler bei verschiedenen Projekten. Er lebt seit 1988 als freier Autor in Berlin.

Werke: Es ist spät, ich kann nicht atmen. Ein nächtlicher Bericht (1992); Biographie eines lebendigen Tages (Erzählung, 1994); Mario Wirz/Rosa von Praunheim, Folge dem Fieber und tanze. Briefe zwischen Alltag, Sex, Kunst und Tod (1995) und Umarmungen am Ende der Nacht (Erzählungen, 1999) sowie die Lyrikbände Und Traum zerzaust dein Haar. Nachtgedichte (1982); All die vielen Nachtschritte. Gedichte ohne Illusionen (1984); Ich rufe die Wölfe (1993) und Das Herz dieser Stunde (1997).

In die poetische Welt von Mario Wirz kann jeder eintreten und sich faszinieren lassen durch die Energie von Metaphern und Sprachkaskaden. Das Geheimnis seiner Gedichte aber liegt in der Authentizität des Empfindens. Unter dem Damoklesschwert existentieller Bedrohung wird das Schreiben Heilmittel und Droge zugleich. Augenblicke von Sehnsucht und Schmerz, Rausch und Ernüchterung verwandeln sich in ein sinnliches, intensives Bekenntnis zum Leben, das angenommen wird zu jedem Preis, den es fordert.

»Bevor ich Mario Wirz kennenlernte, stieß ich auf einige dieser Gedichte aus dem Fegefeuer, aus dem so selten einer zurückkehrt. Wie er es bestand und in Dichtung verwandelte, ... stellt ihn in eine Reihe mit großen Dichtern, die ihrer Krankheit gewachsen waren und sie, auf dem Papier, besiegten: Yvan Goll und Edith Södergran.« *Richard Pietraß*

»Laß Dir nur sagen, daß ich Deine Texte wundervoll und großartig fand. Es ist, glaube ich, sehr lange her, seit ich dies das letzte Mal gedacht habe beim Lesen in einem neuen Gedichtband.« *Wolfgang Hilbig* zu »Ich rufe die Wölfe«

Mario Wirz

# Sieben Leben
# hat die Woche

Gedichte 1981–2002

Aufbau Taschenbuch Verlag

ISBN 3-7466-1909-2

1. Auflage 2003
© Aufbau Taschenbuch Verlag GmbH, Berlin 2003
Umschlaggestaltung Preuße & Hülpüsch Grafik Design
unter Verwendung eines Fotos von The Image Bank
Druck Nørhaven Paperback A/S, Viborg
Printed in Denmark

www.aufbau-taschenbuch.de

In Memoriam Detlev Meyer

# Nachthimmel

Für Rosa Rigendinger


Nachthimmel
breitet sich über uns aus
in einer großen mütterlichen
Bewegung
so gehen wir
für einen Augenblick behütet

1981

# Ihr Schiff

Für Käthe Jurgowiak

Die Lichter gehen weg
die Häuser werden stumm
das Mädchen steht am Fenster
Vielleicht wird es heute nacht geschehen
daß all die Tränen
die sie fortgeschickt hat in die Fremde
zurückkehren zu ihr
ein großes dunkles Meer
ihr Schmerz um den Geliebten
der noch nicht gekommen ist
wird sich in ein Schiff verwandeln
Die Lichter sind weggegangen
die Häuser sind stumm geworden
das Mädchen schläft
Vielleicht wird es heute nacht geschehen
daß er an irgendeinem fremden
Ufer steht
und Ausschau hält
nach ihrem Schiff

1981

# So ein bißchen Nacht

Für Barbara Tscholl

So ein bißchen Nacht
gehört nur mir
ist so groß wie ein Kinderfuß
läuft weg vor der Zeit
ist so kühn wie ein Kinderauge
sieht das unsichtbare Königreich

1982

# Müdigkeit

Für Karl Lubomirski

Es wird Abend
auf dem Bahnsteig
und meinem Gesicht
das müde ist vom Laufen
hinter abfahrenden Zügen

Der rote Hut irgendeiner Frau
die vorübergeht
zündet den Abend an
und mein Stehen
das sich nicht wehrt

Der Abend verbrennt
auf dem Bahnsteig
und meinem Gesicht
das sich erinnert
an den Gesang abgefahrener Züge

1982

# Ich laufe durch die Nacht

Für Rinaldo Hopf

Nachtwild schlägt mein Herz
hilfloser Laut
die Zeit ist gefräßig

1982

# Wer sagt

Für Boris Steinberg


Wer sagt
daß nichts bleibt
auch vom Namenlosen weiß mein Blut
den Tod
den gibt es nicht
ruheloser Traum
über die Jahrhunderte hinweg
pflanzt alte Sehnsucht
in mein Herz
Tier Erde atmet
und ich
Immer

1982

# Fenster in Erwartung

Für Andrea Schultz


Das Fenster hört sich in den Nebel
er ist dick geworden vom Fressen der Schritte
Manchmal schreit ein Fieber auf
Dann ist es wieder still
Kein Gehen kommt an
Der Nebel sucht sich einen andren Ort
Es spricht wieder
und geht

1983

# Zum Teufel

das abendsäuselt
vor meinem Fenster
ich zieh die Vorhänge zu
und höre
auf die leeren Flaschen
die mir ein Schlaflied singen
draußen gackern die Verliebten
zum Teufel mit der Nachtigall

1983

# Augenblick

Für Klaus Berndl


wenn es Nacht wird
an den Konturen der Körper
beschreibt die Hand
immer wieder
die Utopie einer Ankunft

1983

## Zuversicht

der Sturm hat sich gelegt
erschöpft
das Herz ist wieder fruchtbar
für einen neuen Abschied

1983

# Vergessenheit

Für Felix Dörstelmann

in welchen Schlaf
fallen die vielen Körper
abgestürzt im schnellen Licht der Augenblicke
niemand erinnert sich

1983

# Schlaflichter

Für Mauka Klomsdorff

all die Lichter
schlafen im Kopf
das Karussell der Schritte
Herztreppe runter
schneller und schneller
jagt Traumwind die Flammen
zur Nacht

1983

# Das Ohr der Liebenden

die Entfernungen
geschehen leise
eine Sirene nur im Ohr der Liebenden

1983

# Trauer

Ungelebte Zeit
gebärt
auf altem Fleisch
die Biographie der Trauer

1983

# Exitus

Kein Wunder narkotisiert die Zeit
schon glitzert das Skalpell
der Uhr
und geht umher
und schneidet Raum
dann Exitus

1984

# Parole

die Parole der Zeit
effektiv und dynamisch
schneidet ins Fleisch
ohne Narkose
den Überlebenden gehört die Welt

1984

# Notiz des Reisenden

Für Michael Sollorz

In Paris heißt die U-Bahn Métro
und ist blau
was kümmert mich der Eiffelturm
ich nasche von den Sehenswürdigkeiten
fremder Körper
schnelles Labyrinth schneller Berührungen
von Schulter zu Schulter
der Hunger des Reisenden
von Station zu Station

1984

# Café de la Paix

Für Bernard Banoun

## I

ob sich etwas ereignet
an diesem Nachmittag
niemand wirft eine Bombe
niemand stört den Schlaf der Legenden

## II

es geschah etwas
an diesem Nachmittag
ein Kellner im Frack erschoß einen Touristen
der im Kaffeerausch etwas Paris
neben die Tasse schüttete

1984

# Hymne eines Reisenden an seinen Koffer

Für Andreas Walther

Ein bißchen heruntergekommen
von all den Abschieden
kennt er doch keine Bitterkeit
Nach wie vor bestaunt er die Ähnlichkeit
der Ähnlichkeit der Orte
und auch das Gepäck verändert sich nicht
wesentlich
so bleibt er
diskreter Zeuge all der Wiederholungen
nur manchmal
vielleicht
erinnert er sich
zwischen irgendwann und irgendwo
an die schlaflose Nacht
vor der ersten Reise

1984

# Kausalität

Für Peter Slavik

In den Kaffee
fällt der Wintermorgen
und schüttelt sich
weißschwarz
Auf den Wintermorgen
fällt der erste Blick
und schüttelt sich
schwarzweiß

1984

# Sonntag im Kopf

Sonntags läuten die Glocken
im Kopf
die Treppe runter
Stufe um Stufe
ganz schnell
Sonntags läuten die Glocken
den Sturz ein
schneller und schneller
schlagen sie
die Ruhe zusammen

1984

# Frage des Ehepaares

wieviel Karat hat der Tod
Geliebter
Geliebte
wenn der Ring an der rechten Hand
das Herz
der ersten Nacht
erwürgt

1984

# Der Mensch

Für Jacqueline Chambon

die Zeit
spuckt
den Menschen
in alle Himmelsrichtungen
wabberndes Fleisch
das die Dichter
mit Geheimnis garnieren

1984

# Geschichte

keine Erinnerung mehr
an uns
der Krieg der vielen Worte
hat alles verwüstet
tödlich getroffen
gehen wir ein
in die Geschichte der Alltäglichkeit

1984

# Hinterhof

Für Walter Foelske


die Wäsche an der Leine
borgt sich
Musik
vom Wind
über die Balkone
tanzt sie
die Fensternacht

1984

# Regen

die Augen leuchten nicht mehr
nur manchmal
schauen sie heimlich weg
wohin
der Himmel weint in unserem Namen

1984

# Aufzählung

So eng im Zimmer
Umarmungen schnappen nach Luft
Zeitung raschelt
Wie spät ist es
Regen schlägt gegen das Fenster
Witterung verloren
Blicke schlachten das Wunder

1985

# Der Schlafende

Für Ilse Wenzlau

schwarze Flocken
schneit es
auf dein Gesicht

Gesichter und Stimmen
kommen und gehen
ein Wehen ... ein Raunen

Wie der Nachtschimmel
vorangaloppiert
schwarzer Schnee
aufgewühlt
wohin so schnell
Nachtschimmel
ein Wehen ... ein Raunen
Gesichter und Stimmen
schneit es
schwarze Flocken
kommen und gehen

1985

# Frühstück im November

Da schweigen wir uns weg
unrasiert
und mit verquollenen Augen
kein Wort erlöst uns

Wir schlürfen den Kaffee
und rauchen
und starren uns wund
aneinander vorbei

Das Unheil streckt sich
und gähnt
und tut seine Pflicht

1985

# Noch einmal

soviel Sommer
daraus reißt die Hand
Licht
gerad' genug
damit das letzte Lachen
auf zerzaustem Laken
noch einmal Dunkel
hellt

1985

# Traum

Für Horst Funke

Das müde Fleisch
liegt rum
schon lang
und träumt
daß eine Stunde kommt
mit wilden Haaren

1985

# Präpositionen

Für Helga Martin


Durch alle Türen
geht es
immer wieder
in dasselbe Zimmer

In allen Zimmern
fällt es
immer wieder
auf dasselbe Bett

Auf allen Betten
träumt es
immer wieder
denselben Traum

1985

# Mondzeitbäume

Wer entschlüsselt das Zeichen des Jägers
tief grabe ich meine Zähne
in das keusche Fleisch der Bäume
und wecke sie zu Blut und zu Gesang
kein Himmel leistet Widerstand
schon räkelt sich der Traum des Parks
zu atemloser Unrast
Wer entschlüsselt das Zeichen der Jagd
mit dem Fieber der Bäume
den Herzschlag ernähren
der die Gespenster wittert
bevor sie erscheinen
von schlaflosem Licht infiziert
unheimliches Virus
Wer entschlüsselt das Zeichen des Gejagten
die ersten Opfer
fallen
unter der goldenen Guillotine

1985

# Geil in Hamburg

Für Frank-Thomas Mende


Wenn nicht gerade die Sonne blendet,
    sind es die Blonden
mit hanseatischem Hüftschwung,
vor denen man die Augen schließt,
um sie gleich wieder aufzureißen,
pures Glotzen,
die Körper fauchen,
geile Tiere,
dem Geruch der anderen nachgehend,
schnüffelnd,
kühn träumt eine Latzhose von Vergewaltigung,
auf der Alster posieren die Schwäne
vor den Kameras der Touristen,
niemand achtet auf das häßliche Entlein,
das noch immer auf den Tag der Verwandlung
wartet,
Wünsche streunen
lüstern
durch die Hansestadt,
schöne Frauen sitzen in den Cafés,
auf die Stühle gemeißelt
wie Statuen,
Geschmeide funkelt in der Sonne,
wo andere schwitzen, perlen ihnen Champagnertropfen
auf der Haut,
die das Solarium schon im Winter bräunte,
alles atmet schwer,
in Erwartung,

Kellner lassen Gläser fallen,
Pardon,
Katzen taumeln wie betrunken
durch die Straßen,
ein junger Mann beugt sich über die Brücke,
schnell ein Boot geraubt,
steig doch ein,
schon treiben wir auf der Alster
allerlei …

1986

# Widerstand

Deine Siegerpose langweilt mich,
Muskelprotz,
du stemmst die Gewichte der Stunden,
und alle zittern vor deinem Bizeps,
einsamer Herkules,
immer bist du es,
der sie fickt,
all die Masochisten,
die in ihrer Niederlage noch ein Geheimnis wittern.
Hat dich der Orgasmus der Opfer nicht längst
impotent gemacht,
die passive Wollust der Komparsen?
Gib doch zu,
schöner Barbar,
daß du davon träumst,
einmal gefickt zu werden
in einem Liebeskampf
und alle deine Rollen aufzugeben,
deine Masken,
deine Kostüme,
Schluß mit dem Zirkus,
abgetakelter Verwandlungskünstler,
einmal besiegt zu werden,
von einem,
der lebt ...

1986

# Gebet der Nächtlichen

Für Rosa von Praunheim


zum Abgrund verwegener Himmel
pilgern
der Erlösung verheißt
vom Fluch des Kalenders
und sternenlosen Rausch

mit nachtfrommer Gier
warten
daß ein käuflicher Gott
das Gebet
erhört

1986

# Gepäck

Für Reinhart Hoffmeister


kein Gedächtnisverlust rettet vor der Erinnerung
auch die namenlosen Körper
all der vielen Sommer
spült das Meer
vor die Füße des Reisenden
soviel Gepäck

jetzt ist es November
der Himmel verschweigt
seine Trauer nicht länger

1986

# Hotelzimmerheld

Mittwoch oder Donnerstag
auf jeden Fall September
ein Abgrund
zwischen Bett und Waschbecken
tapfer
darüber hinweg
zum Tag
Riß in Tapete
stolpert Licht
in alle Ecken
Himmel gurgelt
nicht erschrecken
vor dem Lärm
die erste Zigarette
Spiegel lauert
unrasiert
im Kopf
Hoffnung
tief inhalieren
daß Herz
Mittwoch oder Donnerstag
die Messer überlebt

1986

# Liebesakt

uns ineinanderstürzen
und Gott erfinden
Mund an Mund
von dem Mißverständnis naschen
das uns eint
jetzt
die Seele ertränken
gemeinsam
im Nachtschweiß
unheimlicher Ozean
kein Mond erlöst uns von dem Irrtum
der geräuschvoll ejakuliert
fremd fallen wir
auseinander
der Hölle anheim

1986

# Rückkehr

Für Reinhard Knoppka

rückwärts
an einem Nachmittag ohne Zukunft
schmerztoll
mitten durch die Scherben
den Kinderspiegel
blutig laufen

1986

# Saturday Night Fever
# oder Notizen aus dem Metropole

Für Georgette Dee

Saturday Night Fever
zündet
die Hölle an
mit klirrendem Flügelschlag
tanzen die Engel
Luzifer masturbiert gelangweilt am Tresen
Saturday Night Fever
»Komm, gehen wir ficken«
sagt jemand kaugummigeil
zu jemand
der süchtig sein Spiegelbild trinkt
Saturday Night Fever
die Schönen der Nacht
schmücken die Leere
mit ihrem Geheimnis
das sie erfinden
zwischen Gin Tonic und Angst
niemand da, der uns vor dem Sonntag rettet
Saturday Night Fever
ein Cowboy ohne Pferd erschießt den Diskjockey
als der sich weigert, David Bowie aufzulegen
sonst geschieht nichts
Saturday Night Fever
schneller und schneller fressen die Stunden
die Zeit
Romeo und Julia feiern den goldenen Schuß
gemeinsam auf dem Klo
Jemand rezitiert lallend Bukowski

Saturday Night Fever
gleich endet die Jagd
erschöpft fallen die Engel dem Sonntag anheim
Luzifer torkelt zum Nachtbus
der Cowboy sattelt das Pferd
das ihm ein melancholischer Poet herbeidichtet
betrunkenes Spiegelbild
schläft
die Lichter weg
und träumt den Sonntag zur Macht

1986

# Narren

Für Stephan Niederwieser

als wir noch die Keuschheit der Kälte besaßen
konnte uns niemand verraten
und nichts besiegen
durch unsere Höllen gingen wir
wie Helden
unverwundbar

jetzt liegen wir beieinander herum
zitterndes Fleisch
gläubig
als könnte uns die Liebe retten

in unseren Höllen sind wir jetzt Narren
süchtig nach der Krankheit
die uns durch tausend und eine Nacht fiebert
durch Schweiß und mystisches Gestammel

wir bestrafen uns dafür
daß wir nicht ankommen können
in tausend und einer Nacht
keine Erlösung

jetzt wird uns jeder verraten können
und alles besiegen

1986

# Liebe

»Bist du glücklich?« fragst du
und widmest mir mit einem königlichen Lächeln
das Meer,
den Sommer,
den Wind
und eine blaue Wolke.

Von meinem Schweigen erpreßt, zögerst du nur
einen Augenblick,
bevor du mir den ganzen Himmel schenkst.
Vielleicht ein bißchen halbherzig.
Die Sterne und den Mond empfing ich schon
in einer Nacht,
in der du mir die gleiche Frage stelltest.

1988

# U-Bahn-Delirium

Zwischen Kottbusser Tor und Prinzenstraße
fällt jemand um
von einer Schlagzeile tödlich getroffen
blaue Geier tragen die Beute fort
in blutigen Schnäbeln
von Station zu Station
der metallische Schrei
dann wieder Ruhe
das Schweigen der Wüste
nichts bleibt übrig

1990

# Dorfleben

Für Hildegard Brenner

Zornige Stille
überall
Jemand träumt
heimlich
hinter geschlossenen Fensterläden

Manchmal zerrt ein Hund
an der Kette
und bellt
ratlos
kein Fremder zu sehen

Nachts gehen die Knaben
zum Fluß
junge Katzen ertränken

1989

# Katzensonntag

Für Thomas Meinecke


Schreit die Katze aus dem dritten Stock,
wachsen auch dem Sonntag keine Flügel.
Kein Vogel und kein Lied,
um sich listig ranzupirschen
mit der grausamen Behutsamkeit der Jägerin.
Schreit es aus dem dritten Stock,
antwortet ein lautes Sonntagsschweigen
all dem Katzenjammer.
Hinter den Fenstern
in allen Stockwerken
schlafen die Stunden ihren Kater aus.
Schreit es an diesem Sonntag,
sind selbst die grauen Mäuse zu müde,
das alte Spiel zu wiederholen,
dessen Ausgang jeder kennt.


1990

# Beschwichtigungen

Schwarze Katze auf der Mülltonne
Gelbäugiger Tod
Fang dir eine andere Maus
Ich ergebe mich noch nicht
Im Traum fraß das Feuer meinen Sarg
Bäumte sich mein Körper auf
Streuten fremde Männer meine Asche
über diesen Hinterhof
Gelbäugiger
Ich lebe noch
Eine Cassette von Joe Cocker gegen das
Glockenläuten in meinem Kopf
Lasse mir den Tag nicht zusammenschlagen
Gelbäugiges Virus
Erledigst mich auf samtenen Pfoten
ohne Lärm
Läßt mich zappeln
ein mörderisches Spiel
Doch heute lebe ich noch
Werde mich gleich rasieren
Schwarze Katze auf der Mülltonne
Fang dir eine andere Maus
Ich ergebe mich noch nicht

1991

# Zimmerwildnis

Der Türspalt,
tückisches Grinsen,
verschlagener Mund,
sammelt Sätze
gegen die zusammengekauerte Gestalt
in der Zimmerwildnis,
viel zu laut tickt der Wecker,
weckt die schlafenden Ungeheuer,
Vorsicht,
getroffen vom Uhrzeiger
wie von einem vergifteten Pfeil,
sinke ich
noch tiefer hinab.

1991

# Tango

Für Ingrid Caven

Tyrannischer Rhythmus,
bin ich das,
der die Dosen auf den Regalen der Supermärkte
    tanzen läßt?
Empörte Abteilungsleiter fallen in meine Arme,
alle gehorchen dem Tango,
auch zwei junge Polizisten.

1991

# Wintervision

Ist unter den Krähen eine, die mir ihre Flügel leiht,
für einen Nachmittag im Winter,
suche ich meiner Geschichte einen anderen Ort,
fliege über den Lärm fremder Städte,
geduldig,
trage die Botschaft im Schnabel,
mein Schweigen,
dann fällt es,
schwarze Feder im Schnee.

1991

# Traum

Mein Unglück ist eine fruchtbare Landschaft.
Nie versiegt der Quell der Tränen.
Auch Fremde weinen manchmal um mich.
Alles gedeiht in diesem Regen.
Noch einmal blüht der Baum der Erkenntnis.
Die Schlange schläft im wogenden Nachtfeld.
Nach den Herzstürmen wieder Stille.
Leise wächst Gras über meine Geschichte.

1991

# Raubzüge

Ich plündere schamlos die Gesichter der Verliebten
in der U-Bahn
und raube mir ihr Lächeln.
Auch der zärtliche Blick des Jungen
am Tresen für seinen Freund
landet bei mir.
Der leichte Schritt der Glücklichen
verzögert meinen Fall,
und es geht weiter,
auch diesen Tag.
Ich stehle mich davon
mit den furchtlosen Stimmen der Straße
und bändige mit ihnen die Stille.
Selbst die Hoffnungen meiner Freunde
    sind nicht sicher vor mir.
Ihre Träume bringe ich in meinen Besitz
und ahme ihre Gesten nach,
wenn sie von der Zukunft sprechen.

1991

# Danach

Für Gunda Sauerbrey

Wenn es geregnet hat,
schmeckt die Erde nach Hoffnung,
üppige Mahlzeit
für eine hungrige Stunde,
die Uhrzeiger drehen sich,
als wollten sie tanzen,
überall Ewigkeit,
für den Bruchteil einer Sekunde.

1991

# Gefangenschaft

Kaum dem Schlaf entronnen,
der ihn viel zu oft
in seiner Falle fängt,
schnappt der Gefangene
nach den Almosen des Lebens,
die Besucher füttern seinen Hunger
mit Reisebeschreibungen und
Liebesgeschichten,
kein Detail entgeht ihm,
der Vorrat des Gefangenen
für Tage,
an denen niemand kommt,
dann fliegt er nach New York,
läuft durch Straßen,
die er nur aus Filmen kennt,
ruft den Namen von einem,
dem er nie begegnen wird,
ruft so lange
bis im Schlaf der andere Antwort gibt.

1991

# Spaziergänger

Für Renate Muik

Die Hand ausstrecken,
Licht sammeln,
Schritt für Schritt
den Tag annehmen,
unbekannte Landschaft,
in der Menge der anderen untertauchen,
für einen Nachmittag wie alle sein,
nicht in diesen Häusern wohnt der Tod,
die letzte Stunde wird mich nicht
am Ende dieser Straße niederschlagen,
weitergehen,
Schritt für Schritt,
ohne Angst vor dem mageren Gesicht
im Schaufenster,
kein Spiegel kennt die Wahrheit,
weiteratmen,
Schritt für Schritt.

1991

# So viel Himmelsblau

Für Stephan Runge

So viel Himmelsblau,
an diesem Morgen,
der sich berauscht an seiner Endlichkeit,
den Himmel austrinken,
als wäre mein Durst zu löschen,
besoffen von so viel Himmelsblau
mein Fest feiern,
blökende Schafswolken
an diesem Morgen,
ich mittendrin,
betrunkener Schäfer,
wir rufen die Wölfe
und lassen uns das Fell abziehen,
Gesang zwischen den Zähnen,
so viel Himmelsblau.

1991

# Sturm

Für Georg Tscholl

Wer öffnet das Fenster,
läßt Sturm in mein Zimmer?
Die schwarze Stille
dieses Nachmittags
spricht aus
die Zauberformel,
weckt alle Dinge auf
aus ihrem Schlaf,
Stunde mit wilden Haaren.

1991

# Frage

Wie spät ist es?
fragt jemand,
ich finde keine Zeit,
alle Uhren lügen.

1992

# Schlaf

Das Boot des Schlafenden,
aus seinem Holz geschnitzt,
ging unter
im Nachtsturm,
auch seine Schreie,
nicht lange trugen ihn die Wellen,
bis sich das Meer
in einem Atemzug
ins Herz des Schlafenden ergoß.

1992

# Immer

Für Irene und Holger Runge

Anfang wird immer sein,
flüstern die Wächter der Hoffnung
mit geschlossenen Augen,
dahinter ein Schweigen,
sehr sanft,
inmitten der Landschaft,
nicht lange,
dann wächst es,
das rettende Wort.

1992

# Schatz

Für Traudlinde Bals

Ich bücke mich
inmitten der Menge,
hebe eine Stunde auf,
die jemand verloren hat.

1992

# Regenzeit

Für Brigitte Knobl

Meinen Schirm schenk ich jemandem,
der diesen Regen nicht so dringend braucht
wie ich,
jetzt feiere ich mein Fest,
pitschnaß,
ein vergessenes Kinderwort,
das sich an mich erinnert.

1992

# Närrische Entrüstungen

Die Zeit tickt nicht ganz richtig,
lästern die Irren
und schmeißen alle Uhren weg.

1992

## Der Reihe nach

Gewalttätig ist das Blau des Himmels
an diesen Tagen,
zuviel Licht in den Straßen.
Schwerarbeit ist jeder Schritt.
Ich traue mich nicht stehenzubleiben,
verdächtig ist meine Schwäche
in den Augen der Alten,
die bedrohlich aus den Fenstern wachsen.
»Der Reihe nach wird gestorben«,
rufen sie,
ich bin einer, der sich vordrängelt.

1992

# Kopftheater

Für Sabine Arp


Vorhang auf für die Angst,
rüstige alte Dame,
sie kennt ihr Stichwort,
ohne Maske betritt sie meine Bühne,
ohne Kostüm,
nur Sterbensworte kommen über ihre Lippen,
langer, langer Monolog.
Die Hoffnung,
abgetakelte Greisin,
hat zuviel Rouge aufgelegt.
Sie unterbricht,
erfindet Sätze,
die in diesem Stück nicht vorkommen.
Singt Liebeslieder
mit welkem Mund
und ballt die Faust,
rührend und etwas lächerlich,
die Alte,
immer noch eine Debütantin,
die Angst und die Hoffnung
achten nicht auf das Kind,
das stumm an seinen Fingern die Tage zählt.

1992

# Nachmittagsclown

Für Ulrike Hohendahl

Jetzt und hier auf dieser Bank,
an diesem Nachmittag,
werde ich nicht sterben.
Jede Minute ist so rot und süß
wie die Kirschen,
mit denen ich die Zeit füttere,
gieriges Ungetüm,
ein ganzes Kilo,
nur für diesen Nachmittag.
Jetzt und hier auf dieser Bank
spucke ich die Kerne in jede Himmelsrichtung,
mit trotziger Erinnerung,
auch damals flogen sie nicht weiter.
Jetzt und hier an diesem Nachmittag
verderbe ich mir den Magen,
mit der Freiheit der Lebendigen.
Ich schminke mein Gesicht mit dem Saft der Kirschen,
bis die Kinder der Spaziergänger lachen.

1993

# Animalische Verwandlungen

Für Christoph Klimke

Montags teilt der Hund meines Nachbarn
    seinen Knochen mit mir,
kein Fleisch mehr dran,
aber ich nage trotzdem,
alles eine Frage des guten Willens,
dann bellen wir gemeinsam und stören die Mittagsruhe.
Dienstags schreie ich mir mit den Katzen des Hinterhofs
die Nacht aus der Seele,
bis hinter irgendeinem Fenster das Licht angeht.
Auch meine Mittwochtaube ist nicht leise,
wir hocken auf unserer Dachrinne,
eng beieinander,
und gurren,
vergeblich,
keine beflügelte Stunde in Sicht.
Der Donnerstag findet mich im Aquarium der Goldfische,
wir tanzen,
schläfrig-berauscht,
und vergessen das Meer.
Jeden Freitag suche ich die Wölfe und ihren Hunger,
ich bin ein wollüstiges Schaf.
Noch schlimmer treibe ich es am Samstag.
Erschöpft falle ich dem Sonntag in die Arme,
schlafendes Menschentier.

1993

# Hinterhofphantasien

Auch an diesem Nachmittag schießt sich der junge Mann
aus dem linken Seitenflügel eine Kugel in den Kopf.
Oder war es ein Film in einer Spätvorstellung?
Oder eine Geschichte,
    die jemand von jemandem gehört hatte?
Oder ein Gerücht?
Ich weiß es nicht mehr.
Keine Erinnerung.
Oder doch?
An einen Nachmittag, da lag ein Männerkörper neben mir,
den ich umarmte,
Schneeflocken rieselten auf unsere Körper, leise,
wie ein Bild aus der Kindheit.
Oder ist all das einem anderen passiert?
Mir fällt kein Name ein, der zu den Händen paßt,
die mich berührten.
Aber nicht immer habe ich so gefroren
    wie an diesem Nachmittag.

1993

# Häutungen

Für Klaus Koppe

An manchen Tagen
   treibe ich mich in fremden Fluren herum
wie in einer anderen Geschichte.
Steige Treppen empor
und lerne Namen auswendig.
Der mir entgegenkommt, schaut mich an,
als wäre ihm mein Gesicht vertraut.
An manchen Tagen suche ich mir einen Namen aus,
der zu meiner Sehnsucht paßt.
Wildere durch die Gerüche der Mittagszeit
und setze mich an einen gedeckten Tisch.
Lasse eine schwarze Katze mit weißen Pfoten
auf meinen Schoß springen
und streichele sie,
   bis die Zeit unter meinen Händen schnurrt.
Stufe um Stufe lasse ich den Mann hinter mir,
der ich zu sein behauptet.
Streiche mir sein Schicksal aus der Stirn,
werfe ab seinen Opferblick.
An manchen Tagen klingele ich Sturm
an fremden Türen und warte, daß jemand
mir mein Leben noch einmal erzählt.

1993

# Die Stille

Der so lange in mir geweint hat, weint nicht mehr.
Kein Gesang,
kein Wort,
auch kein Schweigen,
das ich mit jemandem teilen könnte.
Andere erzählen mir von dem, der ich gewesen bin.
Lesen Briefe vor, die ich geschrieben habe,
und zeigen mir Fotos, auf denen ein Fremder lächelt.
Ich halte nicht länger Ausschau nach mir.
Auch nicht im Traum.
Jetzt gibt es nur noch diese Stille,
groß und furchtbar.

1993

## Schlafwandler

In diesen Träumen springe ich über meine Schatten,
leichtfüßig,
antworte dem Ruf der Schlafenden,
flüsternd,
das Losungswort am Ende des Tunnels,
in diesen Träumen verfalle ich dem Licht des Mondes,
treibe es mit jedem, der mich findet,
reiße mir das Herz aus der Brust
und lasse meine Stunde schlagen,
goldener Staub auf allen Uhren.

1993

# Zerbrechliche Wahrheit

Gläsern sind meine Tage und Nächte,
schlägt mein Herz aufsässig um sich,
zerspringen die Stunden,
und alle Schritte laufen sich blutig im Kreis,
ich spreche meine Gebete mit leiser Stimme,
hebe die Splitter auf,
so viele Augenblicke,
mein bunter Scherbenhaufen,
mein Leben.

1993

# Autobiographische Ratlosigkeit

Für Ingrid Kaehler


Was erzählen von einem,
    der sich weigert, die Zeichen zu erkennen,
unüberhörbar die Botschaft,
auch im stummen Dunkel seiner Nacht,
was erzählen von einem,
    der sein Kinderzimmer nie verlassen hat.
Seine Uhren schauen ihn an,
und er ruft:
»Das Spiel gilt nicht. Ich will noch einmal anfangen.«
Auf seinem Schaukelpferd zieht er täglich in die Schlacht.


1993

# Gedicht über eine Rose

Für Fritz List

»Man kann heute
    kein Gedicht mehr über eine Rose schreiben«,
sagen meine klugen Freunde,
und ich schweige.
Ich betrachte die Rose,
die ich mir selbst geschenkt habe,
meine Rose,
mein Gedicht.

1993

# Atemzüge

Für Martina Köhler

In jedem Atemzug sitze ich,
ein dankbarer Reisender,
von Station zu Station,
ich bin unterwegs,
frage nicht nach dem Ziel,
welches Schicksal mir blüht,
träume nicht von Dauer,
feilsche nicht um Aufschub,
bin in Bewegung,
geduldig,
auch in den schnellen Atemzügen,
am Ende der Nacht,
aufgewühlt,
von einem Tag aus der Kindheit,
der noch einmal aufgeht
am gläsernen Himmel,
ich lasse mich treffen
vom Licht,
in dem mein verlorener Schatz funkelt,
Aufruhr und Stille,
ich nehme sie an,
alle Zeichen,
auch auf den letzten Atemzug werde ich springen,
gläubig,
ein Reisender,
immer.

1993

# Fragen

Für Manfred Schlapp

Ob ich nicht weise geworden sei,
in all den Jahren,
fragen mich viele,
manchmal mit Argwohn,
als hütete ich geizig ein großes Geheimnis.
Meinen Tagen wächst keine Antwort,
die Nächte bleiben ohne Erleuchtung,
alte Fragen blühen im Dunkel der Stunden,
üppig,
gedeihen in Stille und Angstschweiß,
mein sterbliches Fleisch ist fruchtbare Erde.
Ich bin nicht weise geworden,
in all den Jahren,
habe kein Rätsel gelöst,
habe gelernt,
in meinen Tagen und Nächten,
das Rätsel zu lieben,
das große Geheimnis.

1993

## Schwarze Winter

Rabenstunden sitzen der Zeit auf den Schultern,
Tod in den Augen,
wer wird der Nächste sein?
Aufgewühlt,
der Schnee dieses Winters,
von den Schritten der Trauernden,
auf allen Gesichtern das Zeichen.
Beflügelt vom Unheil,
fällt lautlos
eine neue Feder,
und jemand bückt sich,
seinen Namen aufzuheben.

1993

# Mauerblümchenrevolte

Für Laurent Daniels

Sollen die anderen warten,
ich bin mein eigenes Wunder,
ab sofort,
ich lasse mir wilde Haare wachsen
und fordere mich selbst auf zum Tanz,
sollen die anderen vor sich hinwelken,
ohne je geblüht zu haben,
ich verschwende mich,
drehe mich,
bis mir schwindlig wird,
sollen die anderen ihre Tage sparen
für ein hohes Alter,
ich gebe alle meine Stunden aus,
jetzt.

1993

## Nächtliche Identitäten

Für Andrea Kühbacher


Die Spuren verwischen,
der Nacht ein Versteck suchen,
schnell,
wohin mit meinem Herzlärm,
der mich verraten wird?
Kind in meinem Bett,
hält sich beide Ohren zu,
so viele Stimmen,
überall,
nicht so heftig atmen,
die Jäger wittern den Schweiß ihrer Beute,
gehen durch mein Zimmer,
mit erregten Schritten,
legen Fallen,
flüsternd,
in allen Ecken,
das Urteil,
nichts hinnehmen,
der Zeit alle Worte im blutigen Maul umdrehen,
listig die Flucht vorbereiten,
im heldischen Traum des Opfers,
spring,
Kind im Bett,
spring über die Schatten!


1993

# Märchen

Für Henry Kersting


Es waren einmal
Frühling
Sommer
Herbst
Winter
Geschenkte Tage und Nächte
Es waren einmal
Sonne
Mond
Sterne
Leuchtende Gewißheit
Es waren einmal
Ein Leben
Ein Traum
Lauter Anfänge und kein Ende
Es waren einmal
Frühling
Sommer
Herbst
Winter
Gezählte Tage und Nächte
Es waren einmal
Sonne
Mond
Sterne
Erloschene Hoffnung

Es waren einmal
Ein Leben
Ein Traum
Lauter Abschiede
Es war einmal
Zeit

1994

Weiß sind meine Tage.
Unerbittliches Weiß.
Löscht alle anderen Farben.
Alle Sommer verschwinden vor meinen Augen.
Ich sehe sie nicht mehr,
die glücklichen Tage.
Mein furchtsames Herz ist listig.
Vielleicht rettet mich ein bescheidener Wunsch.
Nicht länger rufe ich Erinnerungen
mit blauen Augen und Erdbeerflecken an den Händen,
geduldig ergebe ich mich meinem Schicksal,
starre auf die Wand,
das Bett,
die Tür,
warte,
daß sich das kranke Weiß der Tage
verwandelt.
Nicht lange,
und weiße Wolken über meinem Bett
besänftigen den Schmerz,
ein leiser Wind kühlt meine Fieber,
der weißen Wand entspringt ein Wasserfall,
und warte ich lange genug,
dann öffnet sich die Tür
und führt zum Meer,
weiße Möwen fliegen durch meinen Schlaf.

Jetzt bin ich bescheiden.
Ich halte nicht länger Ausschau nach den Farben
unserer Geschichte,
verzichte auf die Erinnerung an unsere Rotweinnächte,
brauche keinen Rausch,
auch keinen Sternenhimmel über unserer Liebe.
Versöhnlich ist das Weiß der Nächte,
wenn ich geduldig bin.
Ein Schneesturm reißt die weißen Wände nieder,
verwandelt den tödlichen Frost
in eine glückliche Kälte,
schon laufe ich durch unseren ersten Winter.
Jetzt mahnt eine weiße Stille.
Loslassen muß ich deine Hand.
Ich fürchte mich nicht mehr.

1994

# Reise

Für Max Rigendinger

Das Bett wird zum Boot,
das Laken zum Segel,
ich bin allein
mit meinem Gebet,
schon treibe ich auf offenem Meer,
schwankendes Hoffnungszeichen.

1994

## Botschaft

Die ich vergessen habe,
kehren zurück
im Gedächtnis der Nacht,
legen Spuren
in meiner Zimmerwildnis,
ihre Namen fallen
wie Urteile
über den, der nicht schlafen kann,
Schattenstimmen zählen die Stunden
der geliehenen Zeit,
Feuer und Eis,
die verlorenen Sommer und Winter.
Der sich selbst vergessen hat,
entziffert die Botschaft
im lärmenden Dunkel
und hört
ein geiziges Herz.

1994

# Weg

Für Albrecht Piper

Nicht länger wehre ich mich,
unter dieser Sonne
verwandeln sich
Klagelieder in einen anderen Gesang,
verrückte Helligkeit,
alles ist anders,
ich lasse mich los,
fast heiter,
Zeichen von Übermut,
während ich verschwinde
vor den Augen der anderen,
die meinen Widerstand fordern,
aus alter Gewohnheit
bleibe ich noch eine Weile
im gläsernen Haus,
am Ende
triumphiere ich über meine Zerbrechlichkeit,
verteile die Scherben
in alle Himmelsrichtungen
und bin
ganz.

1994

# Krankenhausträume

In meinen Träumen fällt noch Schnee
aus einem anderen Winter,
barfuß durch die weißen Korridore laufen,
herzschnell,
über alle Splitter,
versenkt in kaltem Schlaf,
schreien hinter den Türen
die Ertrinkenden,
nicht einbrechen im Eis,
weiterlaufen,
bis ich den Stern finde,
den du mir gewidmet hast
in einem anderen Winter.

1994

# Kurzgeschichte

Für Hans Jecklin

Der Fremde wirft das Netz mit sicherer Hand,
in seinem Traum bin ich gefangen.
Er läßt mich zählen alle Fäden,
bis ich den Faden finde,
an dem mein Schicksal hängt,
kläglich oder tapfer,
das steht in den Sternen,
nach denen ich greife,
über mich hinaus,
ferne Lichtfäden,
in denen ich mich verheddere,
ich kann die Botschaft nicht entziffern,
der Fremde lacht und spannt das Seil.
Er zählt die Jahre zwischen den Schritten,
unüberhörbar seine Stimme,
alle erwarten meinen Absturz,
der Fremde wirft mir Stunden hin
wie Almosen,
nach denen bückt sich mein Schatten
und rennt davon,
immer schneller als ich,
noch wie viele Tage und Nächte?
Die Angstsonne geht auf
unter meiner Haut,
der Hoffnungsmond,
Hoffnungssonne,
Angstmond,
noch wie viele Tage und Nächte?

Der Fremde lacht und bannt mich in den Kreis.
Er zählt nicht länger meine Sommer,
wir sitzen in einem Boot,
gemeinsam zerreißen wir den Faden,
endlich erkenne ich ihn,
den Freund.

1994

# Endlich

Für Christian Seidlitz


Nichts wiegt der bittere Schlaf
im Licht eines fernen Morgens,
alles ist leicht,
wir erwachen und erkennen uns,
namenlos,
kein Staunen, daß das Herz
dieser Stunde nicht schlägt,
alles ist still,
wir streifen ab
die alte Sehnsuchtshaut
und gehen weiter,
Reisende ohne Gepäck,
alles ist offen,
im Licht eines fernen Morgens
wagen wir
endlich
das Wunder.

1994

# Hunger

Für Tim Lienhard


In der schrecklichen Stille
erscheint
nach telefonischer Verabredung
ein käuflicher Engel,
Lichtgestalt für meine Augen,
die an Dunkelheit gewöhnt sind,
ich lasse mich emporheben,
mein Engel füttert mich mit Glanz,
wer sagt, daß das Glitzern in seinen Augen
berechnend ist?
Frage ich nach Gott,
bleibt mein Engel die Antwort schuldig,
an eine Nachricht für mich
kann er sich nicht erinnern,
ich umarme den vergeßlichen Boten
und frage nicht länger,
will auch nicht wissen,
warum mein Engel keine Flügel hat.

1995

# Ärzte

Für Dr. Heil und Dr. Heise

So lange schon richte ich meine Gebete an die Götter,
verdammt zur Gläubigkeit,
die Götter sind gnädig
und nehmen meine Opfergaben an,
einmal im Monat fließt mein Blut in den großen Strom,
ich bettele nicht um Ewigkeit,
einfach sind meine Wünsche,
noch einen Sommer,
einen Winter,
noch etwas Zeit,
die Götter belohnen meine Bescheidenheit
    mit einem Lächeln.
»Sieht gar nicht so übel aus«, sagen sie,
aber ich höre schon die Wunderflügel,
lautlos,
hinter allen Stürmen.
Getröstet verlasse ich die Götter,
die in ihren weißen Kitteln frieren,
allein mit dem Gewicht all der vielen Gebete,
die sie nicht erhören.

1995

# Fieberwoche

Sieben Türen hat die Woche,
sieben Zimmer,
sieben Träume.
Wer rettet mich vor meinem Schlaf?
Ich habe das Losungswort vergessen.
Bettele ich um den Schlüssel,
antwortet ein schwarzes Lachen,
mit meinem Fieber zündet er
das Haus an,
mein Immerschatten
setzt alle Jahre in Brand
und trägt mich durch die Flammen,
diesmal habe ich nicht um Aufschub gebeten,
er ist launenhaft.
Sieben Leben hat die Woche,
sieben Tode,
sieben Träume.
Er kämmt das Feuerhaar der letzten Stunde.
Behutsam.
Der mir das Herz aus der Brust reißt,
ist kein Fremder.

1995

# Dieser Tag

Für Christoph Hein


Fett hängt der Himmel über diesem Tag,
er spuckt alle Gebete aus,
auch die Erde ist übersättigt vom Gestammel,
ihre Mütterlichkeit ist ein Gerücht,
das die Furchtsamen verbreiten,
wohin mit uns?
Die Luft ist mild
und tröstet nicht,
der Gesang in den Bäumen
ist nicht für uns,
alles blüht,
entfernt,
Schatten und Licht
genügen sich selbst,
wohin mit uns?
Auch das Meer ist unserer Seufzer überdrüssig,
der Sturm, den wir rufen, hört uns nicht,
wohin mit uns?
Wir träumen, daß jemand Feuer legt,
in unseren Betten liegen wir,
als wären wir an diesem Tag gestorben.

1995

# Winterbild

Manchmal, wenn es dunkel wird in mir,
gehe ich durch den Schlaf der anderen,
suche im Traum der vielen sein Gesicht,
laufe durch alle Spiegel,
atemlos,
und hinterlasse meine Blutspur im Schnee,
erschöpft von allen Jahreszeiten,
will ich endlich gefunden werden.

1995

# Heimkehr der verlorenen Söhne

Die in die großen Städte flüchteten,
kehren heim,
am Ende
begräbt Ruhe die Ruhelosen,
die alle Prophezeiungen erfüllen,
das Unheil,
das die Gartenzwerge den Mißratenen versprechen,
am Ende
sind die Widerspenstigen besiegt,
die Falle schnappt zu,
leise, wie das Gras,
das über den Tod wächst,
den sie sich in der Fremde geholt haben,
Mütter und Väter wissen,
was gut ist für ihre Söhne,
sie suchen ihnen einen Tod aus,
der zu den geweißten Gardinen paßt,
hinter denen die Trauernden
die Heimkehr feiern,
tote Söhne sind gute Söhne,

sie wehren sich nicht
und nehmen ihre Wahrheit mit ins Grab,
vor dem die Angehörigen stehen und weinen,
ohne zu erröten,
am Ende läuten die Glocken jener Kirche,
die alle im Dorf lassen.

1995

# Erinnerung

Noch einmal
treibt mich
der Nachtsturm
mitten hinein
in die Wildnis

Dastehen und zittern
vor dem Ruf
der nur noch anderen gilt

Die Jagd ist vorbei
jetzt wird es still
um mich

Junge Wölfe
reißen woanders
ihre Opfer

1995

# Novemberklage

Die Götter prüfen das Gewicht meines Schicksals,
hängen mich an den Tropf,
nicht ohne Anteilnahme.
»Bald wird es Ihnen wieder besser gehen«,
sagen sie
und verschwinden in ihrer Ohnmacht.
Bin ich das wirklich,
dieser dünne Mann,
der kläglich jetzt um jeden Monat feilscht?
So oft den Tod geübt,
schwarz auf weiß,
so oft gestorben
vor laufenden Kameras
und nicht gewußt,
daß ich die Hölle noch vor mir habe.
Größer als der Schmerz ist die Angst,
größer als die Angst ist die Hoffnung.
»Ich werde kämpfen, ich gebe nicht auf«,
sage ich den besorgten Freunden
und wiederhole mich,
ein panischer Papagei mit gebrochenen Flügeln.
In meinen Träumen wird die Zeit ganz still,
kein närrischer Lärm mehr,
kein Trotz,
ein Kind ruft leise meinen Namen
und winkt mich auf die andere Seite.

1995

# Träumender Fleischberg

Für Sigrun Caspar

In diesen Träumen gebe ich den Löffel nicht ab,
bedrohe alle mit Unersättlichkeit,
wehre mich mit Messer und Gabel,
mäste die Zeit,
bis sie sich in einen Fleischberg verwandelt,
Festung aus Speck und Muskeln,
dieses Gewicht trotzt jedem Schicksal,
keine Waage mißt,
was mein Leben wiegt
in diesen Träumen,
sprühe die Graffiti meiner Gier
auf alle Wände,
hänge mein Fleisch in alle Jahreszeiten,
beweise mein Dasein in Hauseingängen
    und dunklen Ecken,
rette mich in die Gefahr, um der Gefahr zu entkommen,
ich nehme jede Berührung an,
rettende Maßlosigkeit,
jede Ausschweifung weitet den Horizont,
sammle Frostbeulen und blaue Flecken,
zwinge die Unentschlossenheit des Frühlings
in meine Ruhelosigkeit,
laufe Amok auf grünen Wiesen,
beschleunige den milden Wind zum Sturm.
Verzweifle am leisen Anfang von allem,
der Sommer gewährt mir Besinnungslosigkeit,
bis der Herbst meine Tränen zählt.

Mächtiger Fleischberg,
der so schnell zunimmt, daß er an Gewicht verdoppelt,
was der tägliche Tod wegfrißt,
in seinen Höhlen schläft das Körpertier,
bis er es weckt
und aufscheucht in alle Himmelsrichtungen.
Ich reiße das arglose Wild,
mache überall reiche Beute,
nichts entgeht meiner Wachsamkeit,
mein Hunger reißt Zäune nieder,
verleibt sich ein, was anderen gehört,
keine Alarmanlage schüchtert mich ein.
Alles nährt den Fleischberg,
sein Hunger ist Gesetz,
in diesen Träumen gebe ich den Löffel nicht ab,
bedrohe alle mit Unersättlichkeit.

1996

# Erinnerung mit Mond

Mond über dem Sosnovsky Park in St. Petersburg,
mein Schlaf wälzt sich im nassen Novembergras,
ein Park in St. Petersburg oder Kopenhagen,
Berlin oder Prag,
gutmütig füttert die Erde das Körpertier mit den Säften
dieser Nacht,
triefendes, läufiges Fleisch,
warten, bis die Kälte zu mir spricht, bis alles antwortet,
der Regen vom Nachmittag stillt den Durst,
kühlt die Fieber,
die Kälte ist zärtlich und grausam,
sie malt mir Blumen auf die Haut,
sie schneidet in mein Fleisch.
Körpertier duckt sich im Licht des Mondes, zahm,
wittert die Fremden,
bevor sie sich auf mich legen,
auf ihre Haut schreibe ich mein zorniges Gebet,
schreibe es mit dem Regen vom Nachmittag,
der sich im Gras gesammelt hat,
schreibe es mit Hundepisse und Tränen,
mit Speichel und Samen,
schreibe mein Gebet mit dem Blut aller Nächte,
Leuchtschrift an den Wänden meines Schlafes,
hinter den Träumen verschwindet der Mond,
langsam wird alles
dunkel.

1996

# Familie

Alle wundern sich, daß in diesem Sommer Schwalben
in meinen Haaren nisten,
ich atme leise,
um meine Gäste nicht zu stören,
die Spinnen, die in meinen Achselhöhlen
ihre Netze ziehen,
den Zitronenfalter, der auf meiner linken
Schulter schläft,
alle wundern sich über meine neue Familie,
mein Glück nährt die Bienen
und ihre Königin.

1996

# Einladung

In Memoriam Margot Walther

Die Freunde, die verschwunden sind in diesen Jahren,
melden sich plötzlich wieder,
seltsam verjüngt und schweigsam,
sie gehen durch meinen Lärm und wundern sich,
schauen mich an,
gründlich,
nicht unfreundlich,
aber es ist schwer, ihren Blick auszuhalten,
meine Fragen schütteln sie ab
und lächeln
entfernt,
ich fürchte mich vor ihrer Gelassenheit,
will es nicht teilen,
ihr Geheimnis,
sie rufen meinen Namen,
und mir ist,
als riefen sie einen anderen,
unheimlich klingt mein Name in der Stille,
die mit meinen Freunden kommt,
ich antworte nicht,
spreche schnell von einer wichtigen Verabredung,
unaufschiebbaren Terminen,
dringenden Geschäften,
meine Freunde hören mir zu,
geduldig,
ihre Sanftheit bedrängt mich,
alles halte ich fest,
nichts lasse ich los,

wie Diebe stehen meine Freunde am Ende des Tages,
warum wird es plötzlich hell?
Dieses Licht,
ein übler Trick,
schrecklich ist dieser Glanz,
ich will die Dunkelheit, in der ich mich auskenne,
ich nehme sie nicht an, die Einladung meiner Freunde,
ich bin nicht in der Stimmung für längere Reisen,
vielleicht später,
irgendwann,
bin ich unhöflich gewesen?
Meine Freunde sind verschwunden,
in meinen Händen ein Schlüssel,
der leuchtet still,
am Anfang der Nacht.

1996

# Kleiner Bruder

Für Ho Pham Huy Don

Mein kleiner Bruder pflückt Blumen für mich,
die in verwunschenen Gärten wachsen
am Ende der Welt,
ihr Duft weckt eine dunkle Sehnsucht,
Erinnerung an etwas,
das am Anfang von allem,
im Traum seh ich den kleinen Bruder,
kindlich verloren inmitten der Blumen,
die er mir schenkt,
damit ich ihm helfe, den großen Bruder zu finden,
den er so lange schon sucht,
hartnäckig ist mein kleiner Bruder,
auch listig,
er fängt seltene Vögel,
die am Ende der Zeit ihre Nester bauen,
und bringt sie zu mir,
wer ihren Gesang hört, vergißt sein Leben,
folgt willenlos dem kleinen Bruder,
überallhin,
kennt nur noch ein Ziel,
den großen Bruder wiederzufinden,
der auszog in die Fremde,
am Anfang von allem,
mein kleiner Bruder zögert nicht,
den entferntesten Stern aus seiner Nacht zu schlagen,
um mich zu blenden,
als wäre ich blind weniger furchtsam,

kleiner Bruder,
längst bin ich auf deinem Weg,
du bist gewachsen an meinem Schicksal,
schau in den Spiegel,
am Ende von allem,
großer Bruder.

1996

# Die andere Seite

Noch ist es zu früh,
mich niederzulassen
auf der anderen Seite,
auch wenn die Freunde, die vorausgeeilt,
in meinen Träumen schwärmen
vom Licht der Ewigkeit,
noch bin ich nicht bereit,
endgültig
wegzuziehen,
mit Wolken und Wind,
in jene Landschaft,
die dem Schläfer blüht,
das Touristenvisum für die andere Seite,
das meine Freunde mir im Schlaf ausstellen,
erlaubt mir einen Schritt
ins Grenzenlose,
ich besichtige
nicht ohne Ehrfurcht
soviel Unendlichkeit,
wie hineinpaßt in das Herz
eines Touristen,
spüre sie nicht mehr,
die Zeit,
kein Glück, kein Unglück,
keinen Schmerz,

aber noch bin ich nicht bereit,
mein kleines, schönes Leben aufzugeben,
die große Endlichkeit, die ich bewohne,
ist meine Heimat,
dankbar bin ich den Freunden
für das Touristenvisum,
aber noch ist es zu früh,
endgültig
wegzuziehen,
in jene Landschaft,
die dem Schläfer blüht.

1996

# Nicht alles

Für Tilman Krause

Nicht alles ist so,
wie es in diesem Licht scheint,
hinter den Tatsachen wachsen Wunder,
ich glaube nicht alles,
was ich weiß,
ich verlasse mich auf das Unwahrscheinliche,
Bäume leihen mir versöhnliche Schatten,
der Wind trocknet meine Tränen,
die Erde trägt ihren unglücklichen Sohn,
der Himmel beugt sich väterlich herab,
hebt mich empor,
zeigt mir Welt
über mich hinaus,
nicht alles ist so,
wie es in diesem Licht scheint,
ich glaube nicht alles,
was ich sehe,
ich verlasse mich auf das Unsichtbare,
die herrenlosen Hunde dieser Stadt
nehmen mich in ihre Mitte,
schützen mich vor den Tatsachen,
die alle verkünden,
wenn ich den Mund öffne, um zu schreien,
singt die Amsel.

1996

# Traumspiel

Für Gina Bartholdy

Der Ball des Kindes
rollt
in meinen Schlaf
am Ende des Tages
vor meine Füße
ich hebe ihn auf
und werfe die Jahre
so weit ich kann
zurück
die fängt das Kind
mit beiden Händen
und spielt mit ihnen
am Ende des Tages
kommt alles ins Rollen
der Ball ist die Welt
im Traum des Kindes
die dreht unsere Jahre
im Kreis
uns beiden wird schwindlig
am Ende des Tages
rollt
der Ball
auf die Seite der Nacht.

1996

# Hilfe

Für Hans Stempel und Martin Ripkens

Jetzt, da ich zu schwach bin, selbst auf die Jagd
zu gehen,
teilt meine Katze ihre Beute mit mir,
sie bringt mir Mäuse,
manchmal auch junge Vögel,
die ich ihr überlasse,
ich will die Drossel nicht kränken,
die für mich Würmer auf das Fensterbrett legt,
auch die Tauben im Hinterhof
kümmern sich um meine Nahrung,
sie verwöhnen mich mit Brotresten
und Kuchenkrümeln,
die sie vor dem Laden des Bäckers finden,
ich kann mich auf meine Freunde verlassen,
jetzt, da ich zu schwach bin, selbst für mich
zu kämpfen,
hält die Spinne über meinem Bett
den seidenen Faden,
an dem mein Leben hängt,
der Hund meines Nachbarn hilft meiner Katze,
mich zu wärmen,
beide vergessen ihre Feindschaft,
um mich gegen die Kälte zu schützen.

Die Jahreszeit meines Körpers weiß nichts
vom Sommer,
an den mich der Gesang der Vögel erinnert,
auch die Schmetterlinge,
die in mein Zimmer fliegen,
um mich zu trösten,
der Zitronenfalter nimmt die Dunkelheit
von meinen Augen,
ich kann mich auf meine Freunde verlassen,
nicht mehr lange,
dann fliege ich mit den Schwalben zurück
in den Süden ...

1996

# Dankbarkeit

Für Thomas Schweikert

Die Hunde des Jägers sind schon lange
auf der richtigen Fährte,
aber sie verraten mich nicht,
alle kennen mein Versteck,
auch die Kuriere,
die sich weigern,
mir das Urteil zuzustellen,
längst ist meine Frist abgelaufen,
Freunde reißen Tage aus
ihrem Kalender,
die sie mir schenken.

1997

# Wunschbilder

1

Leicht
fallen
Abschiede
aus allen Wolken
Zum
Sterben
schön
ist dieser Himmel

2

Der Tod
ist
blau
Kein Trugbild
der betrunkene Reiter

1997

# Das Herz dieser Stunde

Für Richard Pietraß

Das Herz dieser Stunde
bleibt stehen,
neugierig,
nimmt sich die Zeit,
die vergangen ist,
die schnellen Jahre,
das Leben.
Das Herz dieser Stunde
hört auf,
den Elementen zu trotzen,
kehrt zurück
zu seinen Wurzeln.

1997

# Ausnahmsweise

Die Kunst des Sterbens beherrsche ich nicht,
bin nicht begabt für den Tod,
bin auch am Ende
ein blutiger Anfänger,
tauge nicht für Schicksalsschläge,
mein Talent reicht aus
für das Leben,
Dasein ist meine Berufung,
schöpfe gerne aus dem vollen,
bin zu hungrig für Reste,
bin auf jeder Party der Gast,
der zuletzt geht,
gehöre nicht zu denen,
die plötzlich verschwinden,
da ich dem Leben treu bin,
fehlt mir die Eignung für Abschiede
und Vergänglichkeit,
habe kein Geschick für das Flüchtige,
meine Tage sind aus meinem Holz geschnitzt,
solide, stabil und vielleicht etwas störrisch,
für letzte Stunden habe ich keine Verwendung,
wenn Sterblichkeit die Regel ist,
will ich die Ausnahme sein.

1997

# Bettelbriefe

Vielleicht entziffert jemand meine Zeichen
im Sand,
bevor das Meer die Nachricht löscht,
Schnee ist vollgeschriebenes Papier
mit meiner Unterschrift,
ich atme sparsam vor allen Schaufenstern,
male gläubig meine SOS-Signale,
sichtbar für alle,
meine Schritte hinterlassen
immer wieder einen Satz
auf der Asphalttafel der Straßen,
ich trotze dem Fluch der Ästheten
und sprühe meine Hilferufe als
Graffiti auf die frischverputzten
Häuserwände dieser Stadt,
Bettelbriefe schreibe ich
auf die fallenden Blätter
des Herbstes,
vielleicht ist der Wind
mir gnädig,
vielleicht wendet sich
mein Schicksalsblatt,
vielleicht erhört jemand
mein stürmisches Gebet.

1997

# Souvenirs

Auch den Regen an diesem Morgen
nehme ich auf,
so viele Tonbandcassetten
mit Regen und Wind,
alles hebe ich auf
für die große Stille,
deine verschlafene Stimme,
das Geräusch der Kaffeemaschine,
dein Gurgeln im Badezimmer,
alles nehme ich auf,
den Jahrmarktschreier
und unser Achterbahnlachen,
das Großstadtgetöse
und den Krach meines Nachbarn,
den tröstlichen Lärm der Tage
fange ich auf meinen Cassetten,
alles wird da sein,
wenn es vorbei ist.

1997

# Jahreszeiten für ein Bett

Für Andreas Seifert

Es wird Frühling
an diesem Novembermorgen,
jemand schiebt blaue Wolken
wie Kulissen vor mein Fenster,
das Bett steht in einem anderen Zimmer,
die Hühner der Nachbarin gackern aufgeregt,
ich kann mein Matheheft nicht finden.
»Beeil dich«, ruft meine Mutter,
aber ich werde auch an diesem Morgen
wieder zu spät kommen.
Es wird Sommer
an diesem Mittag im November,
jemand spult die Zeit zurück,
du und ich in einem kleinen Hotelzimmer
in Rom,
ein anderer Schweiß läuft über mein Gesicht,
auf der Straße der knatternde Lärm
der Vespafahrer.
»Laß uns irgendwo was essen«, sagst du,
aber wir werden an diesem Tag
nicht mehr aufstehen.
Es wird Herbst
in unserer ersten Wohnung unter dem Dach,
dieser Novembernachmittag rezitiert
alle Gedichte,
die wir uns gegenseitig vorlesen,
Vergänglichkeit reimt sich nicht
auf unser Glück,

wir rekeln uns in schöner Traurigkeit,
zwei unverwundbare Oktoberhelden.
Es wird Winter
an diesem Abend im November,
der Schnee vom vergangenen Jahr
fällt auf mein Bett,
das Kind auf Schlittschuhen
tanzt über das Eis.

1997

# Amok

Töricht, sich aufzubäumen,
immer wieder,
gegen das Unabänderliche,
ich bin ein wütender Narr,
laufe Amok
im Kreis,
den giftigen Schaum der Tage
vor dem Mund,
ich zerfetze das Sternenkleid
der Nächte,
heule mit allen Wölfen,
die verloren sind,
schütte den Sand aus allen Uhren,
lache jeden tot,
der mir Sanftheit und Weisheit empfiehlt,
mein Zorn ist ein Feuer,
das mich bei lebendigem Leibe
verbrennt,
die Asche der gestohlenen Zeit
streue ich über das Haupt Gottes,
den ich erfinde,
um ihn zu beschimpfen.

1997

# Rückkehr

Der gläserne Körper
träumt vom Feuer,
das ihn schuf
für zerbrechliche Tage,
der Atem Gottes
in allen Splittern,
der Körper wagt
keine neuen Sprünge mehr,
hält still,
versöhnt mit Schatten und Licht,
jedem Riß,
in dem sein Leben aufscheint,
durchsichtig die Hände,
die loslassen
alle Jahre,
alle Scherben,
im gläsernen Schlaf
fällt der Körper
zurück
ins Feuer.

1997

# Variationen

Für Heike Schneider


Weiß wie ein Wintertag in der Kindheit,
von einem Schneeball getroffen,
fällt der Junge aus dem Rahmen
in ein anderes Bild,
träumt auf weißem Laken
von einem Schiff,
das ihm zur Flucht verhilft,
vielleicht zu den Eisbären,
bei denen er lernt,
Kälte zu überleben,
in einem anderen Traum
geht das Schiff unter,
aber das Kind kann sich
retten,
gestützt auf den Arm seines
Pflegers,
zu diesem Nachmittag,
viele Jahre später,
vielleicht am Wannsee,
Bild mit Segelbooten
und Schwänen.

1997

# Unterwegs

Für Berthold Kirchberg

Der Lehrer richtete mit roter Tinte
ein Blutbad an
im Königreich der Liebe,
das ich dir schenkte,
in einem Brief, den ich während der Schulstunde schrieb,
was kümmerten mich die Niederlagen alter Feldherren,
was ging mich die Vergangenheit an?
Ich widmete dir alle Siege meiner Zukunft
und nahm gleichgültig hin,
daß der mißgünstige Tyrann meinen Palast verwüstete,
unverwundbar war meine Liebe,
nicht zu verhindern die Heldentaten,
die ich dir versprach.
Mein Herz malte ich auf die Tafel
mit weißer Kreide,
mein stolzes Bekenntnis vor der Welt,
mein großes Herz,
zum Segel gebläht,
seetüchtig,
das tanzte auf den hohen Wellen,
die das Gelächter uns schlug,
nur scheinbar gelang es dem Lehrer,
mit seinem Schwamm
unsere Insel wegzuwischen,
längst waren wir unterwegs
zu den Sternen.

1997

# Jahrmarkt

Für Klaus Colberg

Ich denke Kettenkarussell,
warte,
bis die grimmige Zeit
ein anderes Rad dreht,
schnell und übermütig,
ich versöhne mich
mit der Geschwindigkeit,
lache,
als hätte ich den Kreis
überwunden.
Ich denke Achterbahn,
warte,
bis die rasende Zeit
auf mein Spiel eingeht,
Höhen und Tiefen
als Schwindel entlarvt,
den Abgrund als Bluff,
vor dem ich mich fürchte
zum Schein.
Ich denke Geisterbahn,
warte,
bis die schreckliche Zeit
die Gespenster zurückpfeift,
alles nur Theater,
die scheußlichen Masken
und finsteren Gestalten,
auch das Skelett mit den glühenden Augen
verdankt seine Macht der Elektrizität.

Ich denke Zuckerwatte
und kandierte Früchte,
warte,
bis die verschlagene Zeit
den vergifteten Apfel
zurücknimmt.

1997

# Andere Mahlzeiten

Für Renate Eisenberg

Warum soll ich diesen traurigen Tee jetzt trinken,
warum an diesem Zwieback kauen wie ein Greis?
Kaugummitage klebten am Pfefferminzbonbonhimmel,
endlos,
Zuckerwolken zogen die ersten Zähne mit sich,
aber alles wuchs nach im Schlaraffenland,
Tage aus Milch und Honig,
Erdbeermarmelade und Pflaumenmus,
alles war in Erdnußbutter,
wenn sich die Spinatgespenster nicht vertreiben
    ließen,
wenn der Lebertranfeind siegte,
versüßte der tapfere Held seine Niederlage mit
    Schokolade
und beschloß kühn,
beim nächsten Angriff Eisbomben einzusetzen,
das Glück war eßbar,
die Apfelsinensonne und der Bananenmond,
die Sterne schmeckten nach Johannisbeeren,
alles nährte die Tollzeit,
betrunken vom Pausenkakao, riß ich die Bäume
auf dem Schulhof aus,
warum soll ich diesen traurigen Tee jetzt trinken,
warum an diesem Zwieback kauen wie ein Greis?
Das große Lebkuchenherz schlug auf den Magen,
erbrach sich,
nicht ohne Pathos,
vor der Imbißstube,

*ich hab*
*dich so*
*lieb*
zerfloß in Bratwurstresten
ohne Senf,
auf den Kummer schüttete ich Mayonnaise
und viel Ketchup,
tröstete mich im Limonadenrausch,
wann war die Zeit wieder nüchtern,
wann wurde ich aus dem Schlaraffenland
vertrieben?
Die Jugend war ein Hunger,
den keine Pizza stillte,
keine doppelte Portion Spaghetti,
der Hunger selbst war meine Mahlzeit,
ich nährte mich von Unruhe und Sehnsucht,
alle Spiegel hatten Akne,
Salz und Pfefferträume streute ich
auf die ungewürzten Tage und Nächte,
jeder Sonntag war ein trockener Marmorkuchen,
den ich auf den Montag kotzte,
ich züchtete wilde Fieber
in den Gärten derer,
die mich nicht verstanden,
mein Blut kochte den Zorn,
den ich brauchte,
um auf alles zu spucken,
Narzißmus loderte über alle Zäune,
Wutwolken zogen diese Jahre mit sich,
aber alles wuchs nach
am Haschischhorizont,
das grass war nur grün hinter den Ohren,
ich wußte,
daß Kommendes mir blühte,

die Freiheit war eßbar,
die Sexsonne und der Sexmond,
die Sterne schmeckten nach Geheimnis
und fremder Haut,
alles nährte die Tolljahre,
nichts sättigte den großen Hunger,
warum soll ich diesen traurigen Tee jetzt trinken,
warum an diesem Zwieback kauen wie ein Greis?

1997

# Wahrheit

Ich habe geträumt,
daß wir gemeinsam durch diese Jahre gingen,
zu zweit
durch alle Tage und Nächte,
bis zu jenem Morgen,
an dem alles endet,
habe ich geträumt,
daß ein heller Schlaf aus deinen Händen
in mich floß?
Vielleicht vergingen diese Jahre
auf der Leinwand
und dauerten nicht länger als ein Film.
Vielleicht gab es diese Liebe
nur in einem Roman,
den ich vor langer Zeit gelesen.
In meinem Gedicht
gehen wir gemeinsam durch diese Jahre,
zu zweit
durch alle Tage und Nächte,
bis zu jenem Morgen,
an dem ein heller Schlaf aus deinen Händen
in mich fließt.

1997

# Kinderschuhe

In Memoriam Anne-Marie Wirz

Dem Schläfer passen die alten Kinderschuhe wieder,
er kümmert sich nicht um die Zeit,
die herausgewachsen ist
in ein anderes Leben,
fragt nicht,
wohin die Jahre gegangen sind,
wirft alles ab,
was ihn beim Laufen stört.
In diesem Schlaf hellt Licht
aus frühen Tagen
den schnellen Läufer auf,
wieder einmal hat die Mutter
nicht Schritt halten können
mit ihrem wilden Sohn,
in der Ferne ist sie noch kleiner
als er,
jetzt rennt er ihr stolz entgegen,
läßt gnädig zu,
daß sie die lästigen Schnürsenkel
neu bindet,
die Pferde auf der Weide
sind schweigsame Zeugen,
auch der Himmel und die Bäume
werden nichts verraten,
schon springt er der Mutter wieder davon,
alle Wege führen zu ihrer Hand,
alle Schritte kommen
nach Hause.

Der Wind dreht sich auf die Seite
des Schläfers,
bläst den Staub von seinen Schuhen,
bis sie glänzen
wie am Anfang.

1997

# Der Palast

Für Kerstin und Harald Bömisch

Die Königin meiner Kindheit herrschte
über diesen Sommer
und über alle Jungen aus der Nachbarschaft,
niemand war so mächtig wie sie,
alle bettelten um ihre Gunst,
wen sie aus ihrem Reich verbannte,
aß Regenwürmer und stahl Geld für Eis,
wenn die Königin Hausarrest hatte,
schmiedeten ihre Untertanen kühne Befreiungspläne,
bis sie wieder in unserer Mitte erschien,
um die Ängstlichen mit neuen Befehlen zu erschrecken,
sie war launenhaft und unbestechlich,
ich schenkte ihr meinen Plüschhasen
und ein funkelnagelneues Taschenmesser,
aber immer bevorzugte sie den,
der auf die höchsten Bäume klettern konnte
und am längsten Luft anhalten unter Wasser,
sehnsüchtig starrte ich auf das geflickte Zelt im Garten,
den prächtigen Palast der Königin,
nur den Tapfersten lud sie ein,
mit ihr Limonade zu trinken,
die Verlierer warteten
mit Geschenken und der Hoffnung,
sich in einer anderen Mutprobe zu bewähren,
ich wälzte mich in meiner weißen Hose im Dreck
und schlug Purzelbäume auf dem Asphalt,

ich trug den Ranzen der Königin
und verriet ihr die Lösung der Matheaufgaben,
aber sie war grausam und ungerecht,
schon dreimal hintereinander hatte sie
den blonden Sohn des Gastwirts
auserwählt,
Gast in ihrem Palast zu sein,
die anderen Jungen muckten auf,
bis die Königin ihren Kopf aus dem Zelt steckte
und schreckliche Strafen androhte,
niemand erhörte meine zornigen Gebete,
ihr Palast blieb mir verschlossen.
Lang schon ist es her,
daß ich ihr Reich verlassen habe,
mit einer Sehnsucht,
die mich durch andere Jahreszeiten trug,
in fremde Städte zu Gesichtern,
denen mein alter Traum folgt,
überallhin.
Jetzt steht die Königin an meinem Bett
und lächelt mild,
wischt mir den Schweiß von der Stirn
und vertreibt die Fliegen,
ich bin zu müde,
um nach dem Sohn des Gastwirts
zu fragen,
jetzt steht die Königin vor meinem Schlaf
und lädt mich ein nach all den Jahren,
mit ihr Limonade zu trinken,
als wäre ich tapfer
in dieser Sommernacht.

1997

# Lieg still

Lieg still,
als wärest du ein Teil von den Dingen,
aufgenommen in ihren Schlaf
und träumtest wie sie
die Zeit.

1998

# In Memoriam Detlev Meyer

Erschöpft vor lauter Sterblichkeit,
suche ich mir einen anderen Stern,
Lichtjahre entfernt
von allen Niederlagen,
dem dunklen Gedächtnis,
das alle Rätsel hütet,
Anfang und Ende.
Himmel und Hölle lasse ich zurück,
auch den unzuverlässigen Kindergott,
der kein Gebet mehr erhört.
Den verwundeten Schutzengel
kann ich nicht länger pflegen,
vielleicht,
daß sich ein Held der Liebe annimmt.
Ankunft und Abschied
will ich nicht mehr ertragen.
Zu schwer wiegt die Hoffnung,
der verwunschene Schatz,
den ich zurückgebe den Sterblichen.

1999

# Animalisches Lamento

Für Reinhard Schlasa

I

Mein Körper ist ein altes Raubtier,
erschöpft von der Jagd,
kehrt es zurück in gnädiges Dunkel,
vielleicht im Schlaf,
daß es nach Beute schnappt.
Andere reißen das schöne Wild,
dem ich nachstelle,
nicht mehr so schnell und ausdauernd
wie früher,
aber immer noch geduldig.
Der Wind ist nicht länger mein Komplize,
jetzt verrät er meinen jüngeren Rivalen,
wo sich das Wild herumtreibt,
die törichten Hasen und kopflosen Hühner,
deren Geflatter auch den hungrigen Jäger verschreckt.
Selbst die grauen Mäuse überlisten mich nun,
und wenn sich mal eine fangen läßt,
schmeckt sie fade wie die Niederlagen,
die ich in diesen Nächten sammle.
Das alte Spiel reizt mich nicht mehr,
und doch lungere ich vor Höhlen und Nestern
und warte, daß sich ein Junges leichtsinnig verirrt.
Soll ich mich nähren von Erinnerungen
    an vergangene Siege,
den Legenden des Jägers?
Ich schmecke die Angstlust des Opfers,
in das ich meine Zähne schlug,
berauscht von Schweiß und Blut,

berauscht vom fremden Fleisch,
das ich hastig verschlang,
immer in Sorge,
die Beute mit dem Rudel teilen zu müssen.
Verdammter Futterneid!
Nie war ich gesättigt,
nie endete der schlimme Hunger,
der mich trieb.
Was mir im Licht des Mondes oft wie Jagdglück
    schien,
war nur Routine oder Balz,
ich folgte den Gerüchen der brünstigen Meute
und war ein Teil von ihr,
und wähnte ich mich an der Seite eines Wolfes,
verwandelte er sich im Morgengrauen
in ein blökendes Schaf,
das ich lustlos nahm,
aus alter Gewohnheit.


2


Beflügelt ist die Lust von animalischen Träumen,
doch auf dem Boden der Tatsachen
rupfen wir das dumme Federvieh,
dankbar für das Mögliche,
kein Gesang zwischen den Zähnen,
auch dann nicht,
wenn uns die gebratene Taube ins unersättliche Maul
    fliegt.
Ein geschenkter Gaul tröstet uns nicht,
solange wir auf einen wilden Hengst warten.
Im Traum reißt sich der Wachhund von der Kette
und kehrt zurück zu seinen wölfischen Brüdern,
die ihn in allen Nächten rufen.

Mit Tigeraugen sehnt sich die Hauskatze manchmal
    zurück
in eine andere Zeit,
bevor sie sich wieder dem heimischen Futternapf
    zuwendet.
Was bleibt übrig von uns?
Vielleicht im Schlaf,
daß unser Herz gegen die Gitter des Käfigs schlägt.
Zahm sind auch alle Wünsche, die wir uns erfüllen
in den gebändigten Jahren,
sogar die schwarzen Schafe grasen friedlich
auf umzäunter Weide,
inmitten der Herde.


3

Mein Körper ist ein alter Tanzbär,
der für den Zirkus nicht mehr taugt,
doch noch immer dreht er sich im Kreise
und übt den aufrechten Gang,
noch immer buhlt er um Applaus und hält es für Liebe,
wenn ihm jemand Honig ums unersättliche Maul schmiert.
Der Dompteur braucht keine Peitsche,
freiwillig repetiere ich alle Lektionen,
gefällige Tricks für ein Publikum,
das mich als Pausenfüller duldet,
alles wartet auf die versprochene Sensation des Abends:
Den stärksten Mann der Welt mit dem größten Schwanz
des Universums!
Es hilft nichts, daß ich mir gewaltsam das Alter aus dem
Fell schüttele,
das mir gewachsen ist in diesen Jahren,
der alte Tanzbär ist out,
mega-out,

auch wenn er auf allen Plätzen der Stadt
    den wilden Skater mimt,
mit verwegenem Basecap auf zotteligem Schädel.


4


Ornithologen behaupten, daß ich ein komischer Kauz
    sei,
doch auf meine Lockrufe antwortet kein Lachen,
die kleinen Nager, denen die Zähne ausfallen
    vor lauter Mystik,
fliehen vor mir,
als wäre schon mein Verlangen ein Unglück,
oder verwechselt man mich mit der Eule,
deren Sehnsuchtsblick die Nächtlichen einschüchtert?
Die eitlen Pfauen, die nur noch sich selber sehen,
halten mich für eine neidische Krähe,
der Schönheit ein Dorn im Auge ist,
dabei wäre es möglich, daß ich ein junger Adler war,
den Sternen näher als alle,
die infame Gerüchte verbreiten.
Was kümmert mich das Geschwätz der Papageien,
die mich als Kuckuckskind verleumden,
wenn ich im Höhenrausch alles sein kann,
was ich sein will?


5


Flügel wachsen auch der Lust zu Lande,
ich suhle mich grunzend mit den Schweinen,
schöne Wollust im reinen Dreck,
ich bin der schnellste Rammler im Revier
und tue schamlos das,
was andere nur wollen.

Ich bin die läufige Hündin
und lasse jeden Köter ran,
der mir gefällt,
vor den Augen der Mißgünstigen,
die allenfalls ihre Zäune bepinkeln,
ich bin der geile Bock,
von dem die Herde träumt,
auch flinker Fickfrosch,
auf den die Kröte vergeblich wartet.
Allen Affen zeige ich lüstern meinen Pavianarsch
und bedaure,
daß die Gorillas in den Zoo gesperrt sind,
auch den Orang-Utan vermisse ich,
den zärtlichen Riesen.


6


In diesen Nächten träume ich,
daß endlich jemand die Sau rausläßt,
alles wäre möglich
unter dem nackten Mond,
furchtlos trotzten wir jedem Gesetz
und wären in unserem Element.
Warum nicht warten,
daß der Adler die Sau vögelt
und der Eber mit dem Tiger ferkelt?
Verbündet wären Fell und Gefieder,
Schnabeltier und Primat,
und auch den Fischen verschwämme die Lust
nicht länger im Trüben.
Wasser, Luft und Erde wären erfüllt
von einem Jubel,
der aufstiege ins Grenzenlose.

## 7

Ich weiß nicht, was ich bin in diesen Nächten,
wenn das Körpertier zurückkehrt
in gnädiges Dunkel,
erschöpft von allen Verwandlungen
und hungrig.
Leer scheint der Trog,
in dem ein unersättliches Maul
Imaginäres wiederkäut.
Der alte Esel wehrt die Fliegen ab
und schüttelt sich
und träumt,
daß er woanders ist.

2000

# Hexerei

Für André

Soviel Montag im Zimmer,
unerbittlich,
als wüßte er nicht,
daß ich auf den Freitag warte,
der dich zu mir zurückbringt.
Wäre es wenigstens schon Dienstag,
ließe sich der Mittwoch denken,
zuversichtlich »übermorgen«,
aber immer noch ist Montag,
so lange schon,
als wollte er ewig dauern,
die Uhren schlagen sich
pflichtschuldig
auf seine Seite,
auch der Kalender verweigert
störrisch den Zeitsprung.
Hat sich die Großstadt über Nacht
in ein Dorf verwandelt?
Alles bewegt sich mit
verwunschener Langsamkeit,
nur Schildkröten unterwegs,
selbst auf die Raser ist heute
kein Verlaß,
niemand wagt Tempo.

Montag überall,
als hätte er alle anderen Tage
für immer vertrieben,
sogar das Licht vergißt
seine Geschwindigkeit,
alles hat sich gegen uns verbündet.
Ist es Magie oder Größenwahn,
daß mir just in diesem Augenblick
der Zauberspruch einfällt?
Schnell lasse ich es Freitag werden,
gleich wirst du klingeln.

2001

# Paare

Für André


Pegasus und Hercules heißen die beiden Fahrräder,
die du uns geschenkt hast,
nah beieinander stehen sie im Hinterhof,
zwei blaue Esel,
berauscht vor Zweisamkeit,
wer beschützt wen?
Funkelnagelneu ist ihre Liebe,
sie teilen sich die
beflügelnde Kraft,
leuchtend vor Anfang,
vielleicht traben sie nachts
auf der Milchstraße zu ihrem Stern.
Gutmütig ertragen sie unsere Last,
es wäre ein Leichtes,
das komische Paar abzuwerfen,
das nach all den Jahren nur noch schwer in die Gänge
    kommt,
wahrscheinlich ist es Solidarität
mit zwei verliebten Eseln.
In deiner Abwesenheit kann ich
die beiden nicht voneinander trennen,
was wäre der eine ohne den anderen?
So tröste ich mich bis zu deiner Rückkehr
mit einer Überdosis Schokolade
und widme dir alle Pfunde.


2001


154

# Nächtlicher Törn

Für André

der Wind in deinem Traum
bläht die Gardinen zum Segel,
reißt alle Dinge, die wir gesammelt haben,
von ihrem Platz,
im furchtsamen Licht der Nachttischlampe
suche ich vergeblich unsere Rettungswesten,
hohe Wellen schlagen über deinem Schlaf
die Nacht auf die Seite des Mondes,
vielleicht wärest du lieber als
Einhandsegler unterwegs,
unbeschwert von meinen Ängsten,
auch diese Frage werfe ich jetzt
über Bord,
steige vorsichtig in deinen Traum
und folge seinem Kurs,
das Meer, das ich nicht gefragt habe
in all den Jahren,
denkt sich in unserem Schlaf
eine neue Geschichte aus.

2001

# Anfang einer Geschichte

Für André

Der Junge aus der ersten Klasse,
der in der Pause auf dem Schulhof steht,
inmitten spielender Kinder, die ihn nicht beachten,
träumt aufgeregt von seinem Freund,
den er noch nicht gefunden hat,
er weiß nicht, daß zur selben Stunde
auf einem anderen Schulhof in einer anderen Stadt
ein anderer Junge Ausschau hält nach ihm,
beide überhören die Schulglocke,
versunken in eine Skizze,
die das Bild andeutet,
ihre Geschichte,
eines Tages.

2001

# Zu Hause

Für André

Ohne dich
altert der Spiegel im Badezimmer,
unsere Handtücher lassen sich hängen,
schrecklich pathetisch,
das Ganze,
die trübe Kaffeetasse auf dem Tisch
schluckt alle Seufzer,
und das Windrad auf dem Balkon
verweigert sich,
ohne dich
fremdeln die Dinge.

Bist du wieder da,
deckt sich der Tisch von selbst,
rücken die Stühle zusammen,
erhebt sich hellster Gesang
aus allen Gläsern,
jetzt
ist alles
behaust.

2001

# Geschenk

Manchmal hat der Tag fünfundzwanzig Stunden,
eine Stunde fällt aus dem Rahmen,
uns zu,
während wir schlafen.

2001

# John Wayne im Hinterhof

Für Thomas Endl und Schubert

I

Ich habe nicht vergessen, daß sie mich John Wayne
    nannten,
die Hinterwäldler vom mickrigen Ende der Welt,
bevor sie mich verprügelten mit ihren feigen Fäusten,
mein neuer Cowboyhut fiel in den Staub
des Schulhofs,
kläglich und wie angeklebt hing der Himmel
über diesem Tag,
aber keine Chance hatten die falschen Sheriffs
und Piraten,
die zahnlosen Vampire, die jämmerlich
nach ihren Müttern schrien,
einen nach dem anderen forderte ich zum Duell
und ließ sie fallen wie Zinnsoldaten,
auch eine Prinzessin, die gelacht hatte,
erschoß ich vor den Augen der Lehrer,
die meine Rache mit Karneval verwechselten,
bis sie die Kugel traf,
nur den Indianer mit der Brille,
der meinen Cowboyhut aufgehoben hatte,
verschonte ich,
er sah vielleicht das Pferd,
auf dem ich davonritt,
im Galopp über die freudlosen Zäune,
vorbei an feindlichen Gardinen,
die kleine Stadt in meinem Rücken
schon bald
nicht mehr als eine Rauchwolke.

Niemand weiß, daß John Wayne manchmal weinte,
allein mit seinen Träumen
und einer Tüte Popcorn
im großmäuligen Dunkel eines Kinos,
die furchtsamen Stunden
waren im Zweikampf nicht zu erledigen,
nicht alle Tage vergingen
leinwandgerecht,
verworren schien das Drehbuch
der Jahre,
ungeprobt alle Niederlagen,
kein Engel,
der das heldische Stichwort
soufflierte,
wenn der Teufelskerl mal wieder
seinen Text vergessen hatte,
aus der Rolle fiel er
vor den Augen der Barkeeper
und Taxifahrer,
die sich seine Geschichten anhörten,
so lange das Trinkgeld stimmte,
aus der Rolle fiel ich
in die Arme irgendeines Asphaltcowboys,
von dem ich mich freiwillig
besiegen ließ,
auch jedem Großstadtindianer ergab ich mich,
ohne zu erröten,
daß die Tatsachen anders waren
als der Mythos.

3

Vielleicht ließ sich John Wayne manchmal doubeln
für die Legende,
während er unterwegs war in einem anderen Leben,
das er sich geliehen hatte in Hollywood,
vielleicht traf er in dieser Geschichte
eines Abends am Tresen einer Bar einen Mann,
der behauptete, John Wayne zu sein,
Kaugummi kauend und mit coolen Sprüchen,
das schüttere Haar unter einem Cowboyhut
verborgen,
über den niemand lachte,
weil alle verkleidet waren,
möglich,
daß die betrunkene Kellnerin in Wirklichkeit
Marilyn Monroe war,
vielleicht waren wir alle von Anfang an
im falschen Film,
betrogen um das Wunder,
das wir uns selbst versprochen hatten,
in jener Zeit,
die mit »Es war einmal« beginnt,
vielleicht versenkte John Wayne
sein lästiges Schicksal
auf dem tiefsten Grund eines Glases,
berauscht vom »Happy-End«,
bevor er in unseren Träumen
verschwand.

4

Selbst treue Cineasten haben John Wayne für tot erklärt,
als wäre mein letzter Kampf schon entschieden
und ich besiegt von meinem Feind,
der mich verfolgt seit Jahren,
als könnte ich mich nicht länger im Sattel halten,
auch ohne Pferd,
trickreich die Spuren verwischen,
die zu meiner Sterblichkeit führen,
Tag für Tag,
am Anfang der Welt,
in einen Hinterhof mit Birken.
Die fetten Tauben schieße ich nicht
von den Bäumen,
auch nicht vom Dachstuhl,
wo sie gurrend Unheil brüten,
das die Spatzen später dann von allen
Dächern pfeifen,
lieber lausche ich der Amsel,
die mich tröstet in meinem Versteck
und mir ihre Lieder schenkt
für den dunklen Wald des Schlafes,
in dem der Erzfeind hellwach
lauert,
die Nachbarn wundern sich,
daß das Licht auch nachts
in meinen Zimmern brennt,
närrisch erscheint ihnen der Mieter
aus dem Hinterhaus,
der jeden Morgen, hörbar für alle,
in seiner Wohnung Liebeslieder singt.

Niemand weiß, daß John Wayne unter einem anderen
  Namen
in dieser Zweizimmerwohnung lebt,
auch du ahnst nichts von meinen wilden Jahren
im Wilden Westen,
die ich mir jetzt, zahm alternd,
kühn verkläre,
als wäre jeder Tag ein Abenteuer gewesen,
mein Pferd ist zurückgelaufen
in die Prärie der Kindheit,
die ich an deiner Seite manchmal
wiederfinde,
nicht länger muß ich neidisch sein
auf Winnetou und Old Shatterhand,
deine brüderlichen Hände
schreiben den Treuepakt
auf meine Haut,
regelmäßig gieße ich die Sonnenblumen
und Margeriten,
die du für mich auf dem Balkon gepflanzt hast,
und dünge sorgsam die Erde,
damit mein friedliches Glück gedeiht,
nur die Blattlaus muß mich fürchten.

2001

# Sieben Leben hat die Woche

Für Maja Dornier

I

Dem gläubigen Schlaf fange ich sieben Wunder,
werfe die Angel aus,
an der ein Unglückswurm hängt,
und warte,
sieben Tage,
sieben Nächte,
bis der Traumstrom nach dem Köder
schnappt
und mich mitreißt,
sieben Tage,
sieben Nächte,
sinke ich zum tiefsten Grund,
warte,
erschöpft von all den Jahren,
daß mich aus diesem Schlaf
ein neues Schicksal weckt,
vielleicht in der Gestalt eines Fischers,
dem die Auster ihre Perle
schenkt.

2

Mit dem Glanz der geschenkten Tage
blende ich Hiob,
der seine Botschaft für mich
nicht mehr entziffern kann,
unauffindbar das Damoklesschwert,
das mein Schutzengel versteckt hat
in fernster Nacht,
noch lange soll der Fährmann
vergeblich
Ausschau halten
nach seinem
späten Passagier.

3

Die dünne Montagshaut
werfe ich ab
am Dienstag,
dem ein dickes Fell
wächst
für den Mittwoch,
tapfer
schwimmt auch der Donnerstag
gegen den Strom,
fischäugiger Freitag
leiht sich vom Schwan
das weiße Federkleid,
in dem der Samstag
mit dem Sonntag
tanzt,
bis aus dem Ei
ein neuer Anfang
schlüpft.

4

Im Schatten der Purzelbäume träume ich
vorwärts und rückwärts
die Kindheitsjahre,
noch einmal wächst
das Knabenkraut,
als wäre das Gänseblümchen
eine Orchidee gewesen,
und der träge Fluß ein Meer,
überschäumend
die flauen Tage,
an denen ich feindliche Schiffe
versenke
vor den Augen des Religionslehrers,
dem ich nichts glaube,
Himmel und Hölle
sind nur ein Spiel,
zum Totlachen das Fegefeuer
und der Teufel,
zu dem ich mich furchtlos
schere.
Im Schatten der Purzelbäume
träume ich,
daß meine Schleuder ihr Ziel
nicht verfehlt,
den Pechvogel,
der aus der Kindheit in meine
Zukunft fliegt.

5

Meine Hände lege ich täglich ins Feuer,
bis sie die Siegesbotschaft
in die Luft malen,
zwei Phönixflügel
für jede Stunde.
In fruchtbarer Erde
wurzelt
mein nächtliches Herz,
das ausschlägt
in alle vier Himmelsrichtungen,
verwachsen mit jeder Jahreszeit,
die ewige Narbe.
Verwandelt
geht mein Schlaf
über das Wasser,
verströmt sich
in fremdes Meer,
schöpft Atem mir,
Anfang und Ende,
unaufhörlich,
Ebbe und Flut.

6

Der Engel,
der mir hinter geschlossenen Augen
erscheint,
bringt Licht in mein kindliches Dunkel,
kein Schatten
hat sich im Schrank versteckt,
kein Schrecken
liegt unter dem Bett,
hinter dem Vorhang
lauert
kein Grauen.
Die Sterne
lachen
sanft herab
auf meinen Jammerschlaf
und leuchten mir
die Nacht
heimwärts.

7

Sieben Leben hat die Woche,
um sieben Ecken verwandt
mit jedem Schicksal,
das mir blüht für einen Tag,
selbst im Wüstensand
gedeiht
das Wunder.
Sieben Tode träumt
mein Schlaf,
das siebenköpfige Ungeheuer,
das durstig ist nach dem
rettenden Elixier,
jedes Kind, das ich frage,
weist mir einen neuen Weg.
So packe ich meine Siebensachen
und folge dem Siebenpunkt
vom Südpol zum Nordpol,
sieben Tage,
sieben Nächte
fliegt mir die Welt zu,
aus allen Wolken,
wie das Glück,
das der Marienkäfer
verspricht.

2002

# Steglitzer Metamorphosen

Für Angela Drescher


1

»Wie lebt es sich denn so in deinem Steglitz?«
  fragen die ehemaligen Hausbesetzer aus Kreuzberg,
  die sich noch immer am Molotowcocktail
    ihrer wilden Jahre
berauschen.
Sie lächeln windschief, wenn ich ihnen die Birken
  in meinem
Hinterhof zeige.
»Ein Paradies für Rentner und Scheintote!«
  lästern die Hauptstadtprofis vom
  Prenzlauer Berg,
  auf dessen Gipfel sie nächtlich ihren Größenwahn
    feiern.
»Kafka hat 1923 eine Weile hier gewohnt«,
  prahle ich,
  als könnte ich mit dieser fremden Feder mein Nest
    schmücken.
Meine Freunde schenken mir Vasen und Aschenbecher
für die neue Wohnung,
Wodka und Wein,
bevor sie schnell wieder hinter den Mythen ihres Kiezes
verschwinden.
Ich fülle die Vasen mit Blumen
und die Aschenbecher mit den Stunden der Tage,
an denen ich etwas nervös vor mich hin altere.
Vielleicht liegt es an Kafka,
daß ich mich morgens in der Badewanne
manchmal in ein Krokodil verwandele,

die Zähne sind noch scharf genug,
ich schnappe nach den schwarzweiß gestreiften
Zebra-Jahren
und verschlinge meine Jugend,
nur ein lästiger Rumor
im Magen,
flußabwärts, flußaufwärts
scheine ich zu dösen,
während ich Ausschau halte
nach Zukunft.

2

Den Himmel über meinen ältlichen Tagen
trinke ich auch im November
blau,
bis Matrosen aus allen Wolken
in meinen Schlaf fallen.
Das Traumschiff schwankt
und hält seinen Kurs.

3

Der Architekt Muthesius, nach dem meine Straße
   benannt wurde,
hat nicht den Turm gebaut,
den ich bewohne,
nur selten steige ich die Wendeltreppe hinab
zu meinem hinfälligen Leben,
im Höhenrausch
vergehen die Tage und Nächte,
leicht,
als sei alles ein Traum.
Hoch über allem
ankert mein Schlaf
im Wolkenmeer.
Dem, der mich sucht,
weist das Leuchtfeuer
den Weg.

4

Der Albatros, der nach jahrelangem Flug
in meinem Hinterhof landet,
ist nur für einen Augenblick
verwirrt,
bevor er die Stille
mit Sturm
beflügelt,
schnell
steigt
die Flut,
in der meine Tage versinken,
unbemerkt von den Nachbarn
gehe ich unter,
auch diese Stunde
verschwindet,
niemand hört die Sturmglocke.

5

Wieder so ein Tag,
an dem ihm die Götter
keine E-Mail senden,
kein Fax,
nicht einmal eine schnelle
SMS,
auf dem AB
keine Message,
das Telefon
bleibt stumm.
So pilgert er
gläubig
zu »ButterLindner«
auf der Schloßstraße
und gönnt sich
Nordseekrabben,
mindestens 200 Gramm,
auch die Kiwisahnetorte
bei »Leysieffer«
erscheint ihm
göttlich genug
für diesen Tag.

6

Manchmal schwebt die Märchenfee durch das
    Hinterhaus
und stiftet Verwirrung,
Dornröschen aus dem ersten Stock
erwacht aus ihrem tiefen Schlaf
und wundert sich nicht,
daß der Prinz aus allen Träumen
tatsächlich neben ihr liegt,
umsonst warten Schneewittchen
und Aschenputtel,
Rapunzel aus dem vierten Stock
bürstet vergeblich ihr langes Haar,
der Bettelknabe,
inzwischen etwas gealtert,
hält Ausschau nach einem
anderen Schatz,
vielleicht wird es diese Nacht
Sterntaler regnen,
oder
Hans im Glück kommt vorbei.

7

Sieben weiße Raben
kreisen über meinem Schlaf
Im Traum decke ich den Tisch
für meine Brüder
Nacht für Nacht warte ich
Ich weiß, daß sie für mich
die Zauberwurzel suchen
Den Anfang von allem
Neben meinem Kissen
finde ich
Tag für Tag
eine weiße Feder

8

Der Mann im Spiegel
scheint doppelt so alt zu sein
wie ich,
warum glotzt er so amphibisch
auf mein rasiertes Gesicht?
Seine müden Leguan-Augen,
diese grämlichen Falten
auf der Stirn,
aufmunternd nicke ich ihm zu,
aber er starrt nur trübe
auf mein buntes Hemd,
wahrscheinlich ist er neidisch
auf meine Jugend,
ich pfeife auf seine Mißgunst.
Schnell verlasse ich die
Wohnung des Fremden,
draufgängerisch ist jeder Schritt,
das Feuer in meinen Augen
rötet die Wangen der Nachbarin,
die mich scheu grüßt,
alle werde ich heute verführen.

9

Zum Teufel mit dem Fremden,
der in meiner Hose
durch die Straßen geht,
vor jedem Schaufenster
bettelt er
um meine Aufmerksamkeit,
aufdringlich
schleicht er mir nach,
der alte Sack,
setzt sich in der U-Bahn
neben mich
und fixiert mich gläsern,
ich schließe meine Augen
und tue so,
als sähe ich ihn nicht.

Vielleicht ist es wahr,
daß ich im Vollrausch
die Amsel zur Königin
krönte,
nun schmollt die Blaumeise
und singt nicht mehr,
hoffärtig
klingt das Gurren der Tauben,
die Krähen plustern
sich auf im Dünkel,
nur der Sprecht entbietet uns
vom höchsten Baum seine
Glückwünsche
und klopft dreimal
auf Holz.

Auf keinem sicheren Grund
ist das Haus gebaut,
vorläufig
scheint
das Fundament der Jahre,
nichts steht fest,
in den gläsernen Wänden
spiegeln sich
die vergangenen Tage,
schöne Trugbilder
für einen Augenblick.

Den Boden unter meinen Füßen
verliere ich täglich
und fürchte mich nicht mehr,
vor meinen Augen
erhebt sich das Haus
und stellt sich woandershin,
der Mandarinenbaum,
unter dem wir einst standen,
wirft seine Früchte
durch das offene Fenster,
mitten im Sommer
fällt Schnee
aus der Kindheit
aufs Dach.

13

Wo gestern noch Häuser standen,
fließt heute das Meer,
unterwegs zu anderen Meeren,
kein Sturm kommt auf
wegen der verflossenen Jahre,
niemand erinnert sich
an die versunkene Stadt,
der Schrei der Möwen
gilt den Fischen.

14

Auf meinem Floß treibe ich
so dahin
auf seichtem Gewässer
Überall Flaute
Verläßlich sind nur
die Dauerwellen meiner Nachbarin
Ich nähre mich von Brathering
und Rollmops

Nicht weit von Steglitz liegt der Grunewaldsee,
Hunde aus allen Kiezen der Stadt erlauben hier
Frauchen und Herrchen Auslauf,
ohne Leine triumphiert schnell das
animalische Selbstbewußtsein der
dressierten Zweibeiner,
Dame aus Wilmersdorf fletscht drohend
die Zähne,
als ihr Spandauerin zu nahe kommt,
Neuköllner Prolet markiert pinkelnd
sein Revier,
während Exhibitionist aus Dahlem
vor einem anderen Baum vergeblich
mit seinem Schwanz wedelt,
Ossi beißt Wessi
und umgekehrt,
einem behaarten Umweltschützer
aus Schöneberg
sträubt sich das Fell
vor einem Pelz aus Zehlendorf,
Jogger beschnüffelt hechelnd
Biker,
Snob aus Charlottenburg
reitet auf einem Löwen,
jemand bellt wütend
in sein Handy,
derweilen genießen die Hunde
die Landschaft.

16

Die alte Hexe aus dem Vorderhaus
lauert wachsam
hinter der Gardine
diesmal sollen Hansel und Gretel
sie nicht überlisten

Gerne ließe sich Rotkäppchen
vom Wolf vernaschen,
auf der Stelle,
mit Haut und Haaren,
ohne dieses blöde Vorspiel,
nun mimt er schon wieder
die Großmutter,
nicht sehr sexy,
die Maskerade.

Tagsüber bin ich ein Erdenbürger
mit Telefonanschluß und
Krankenversicherungsnummer,
tagtäglich gehorche ich
den Gesetzen der Schwerkraft
und bleibe auf dem Boden
der Tatsachen,
überweise pünktlich die Miete
für 53 Quadratmeter
und trenne meinen Müll,
nachts aber schlage ich das
Sternenzelt auf,
zu meinen Füßen der Große Hund,
an meiner Seite Castor und Pollux,
die übermütigen Zwillinge ärgern
den Drachen,
bis er Feuer spuckt,
Herkules flirtet mit der Jungfrau,
im Scherz richtet der Schütze
seinen Pfeil auf den Adler,
der Kleine Hund jagt dem Pfau hinterher,
manchmal darf ich auf dem Großen Wagen
mitfahren,
Ursa Major, der Große Bär, läßt sich
von mir kraulen.

Furchtsam
blieb jeder Schritt
auf der Milchstraße,
vor der Unendlichkeit
schlug sich mein Herz
auf die Seite der Sterblichen,
nun liege ich sternhagelvoll
in meinem Bett
und deute mir mein
Los.

Eine Sternstunde
vergeht nicht,
unaufhörlich
legt sie Glanz
auf alle Tage
und Nächte,
Jahr um Jahr
scheint ihre
Leuchtkraft
zu wachsen,
wem sie sich
schenkt,
ist gerettet.

21

Wäre ich der Engel
von dem du träumst
erwachte ich
sterblich
an deiner Seite
Zweisam fielen wir
aus allen Wolken
Auch ohne Flügel
kämen wir an
eines Tages
auf unserem Stern

Um dir zu gefallen,
ahme ich Zeus nach,
übermütig
trotze ich meinen Jahren
und springe
in jede Gestalt,
die dich verführt,
natürlich sind diese
Verwandlungen
anstrengend,
erschrocken schaust du
auf den ältlichen Fremden,
der morgens im Bett
neben dir liegt.

23

Jemandes Sehnsucht
legt Feuer
in unseren Schlaf
Noch einmal
balzt
der rote Hahn
Dann drehen wir uns
auf die andere Seite
und vergessen
diese Geschichte

24

Sag nicht,
daß kein Hahn mehr nach uns kräht,
zögen wir aus der Stadt
aufs Dorf,
wäre alles anders,
aber auch so
ist genug Leben
für zwei alte Turteltauben,
was gurrst du so schmachtend?
Paß auf,
daß der Kater dich nicht frißt!

In diesen Vollmondnächten
sind wir
von allen guten Geistern
verlassen,
unsere alten Häute
werfen wir
den Hunden zum Fraß vor,
Tollwut
kommt über die Stadt,
verwandelt,
scheren wir uns
zum Teufel.

Er hat nicht mehr alle Tassen
im Schrank,
so sagt man,
dabei braucht er sie vielleicht
für seinen zweiten Wohnsitz
in den Wolken,
nicht jeden lädt er ein
auf sein Luftschloß,
weit oben,
über allem.

Die gefallenen Engel
landen
auf dem Himmelsstrich,
Freier gibt es genug,
Herkules,
der Fuhrmann Auriga,
die Zwillinge
Castor und Pollux,
sogar Centaurus trabt nachts
zum Himmelsstrich,
nur der Mann im Mond
bleibt keusch,
wundert sich
der irdische Spanner
mit seinem Fernrohr.

28

Den Erdball
kickt er
sternenwärts
der Himmelsstürmer
Im Schlaf
ist er
ganz nah
am Tor
zur Ewigkeit

29

Im Traum reißt er sich
das Herz aus der Brust
und nagelt es an die
Himmelstür
die verschlossen bleibt
als klopfte es nicht
seit Urbeginn

Die vergangenen Jahre
gehen
auf ihren Händen
auf mich zu
leichtsinnig schwankend
auf die andere Seite
als sei es ein Spiel
Jahrein
Jahraus
diese unberechenbaren Jahrgänge
Auf ihren Füßen
ausbalanciert
das Gewicht der gezählten Stunden
himmelwärts
neigt sich der Mund
zur Erde
und spricht
die verlorene Zeit

31

Rückkehr aus jedem Schlaf
versprechen mir die Zugvögel
und nehmen mich mit
auf die Reise

2002

# Inhalt

Die Gedichte dieses Bandes wurden aus folgenden Ver-
öffentlichungen von Mario Wirz ausgewählt: »Und Traum
zerzaust dein Haar. Nachtgedichte« (Göttingen 1982);
»All die vielen Nachtschritte. Gedichte ohne Illusionen«
(Göttingen 1984); »Ich rufe die Wölfe« (Aufbau-Verlag,
Berlin 1993) und »Das Herz dieser Stunde« (Aufbau-Verlag, Berlin 1997) sowie aus Anthologien.

   Bisher unveröffentlichte Gedichte wurden mit * ge-
kennzeichnet.